www.tredition.de

AF204312

www.tredition.de

© 2016 Maja Glück

Verlag: tredition GmbH, Hamburg

ISBN
Paperback: 978-3-7345-0798-4
Hardcover: 978-3-7345-0799-1
e-Book: 978-3-7345-0800-4

Printed in Germany

www.tredition.de

Kinderwunsch

Ja

Später

Nein

Vielleicht

Das Buch **VOR** der Entscheidung

INHALT

VORWORTE

So habe ich mir das Leben mit Kind nicht
vorgestellt.
Es ist wohl der am häufigsten gesagte Satz, wenn
ein Kind in unser Leben getreten ist.
Von Frauen, die Mütter wurden.
Von Männern, die Väter wurden.
Von Paaren, die Eltern wurden.

Dieses Buch ist für Menschen, die sich noch nicht
entschieden haben und sich genauer vorstellen
wollen, wie es wäre, ein Kind zu haben.

In einer Fernsehsendung sagte kürzlich ein junger
Vater:
"Ich will meine Freunde nicht vernachlässigen,
denn wie lange unsere Beziehung hält weiß ich
nicht, aber meine Freunde habe ich für immer."
Soll also heißen, Familie hat man nicht für immer?
Es gibt nicht viel, was wir für immer in diesem
Leben haben.
Familie haben wir für immer.

Es gibt keine wichtigere Entscheidung in unserem
Leben, als das Leben mit oder ohne Kind zu leben.
Freuen Sie sich auf eine Reise ins Unbekannte und
treffen Sie dann IHRE Entscheidung.

Und bedenken Sie:

**Was hinter uns liegt
oder
was vor uns liegt,
ist nichts gegen das,
was in uns liegt.**

Anderson

1. Kapitel

VOR DER ENTSCHEIDUNG

Schön, dass Sie mich gefunden haben.

Sie gehören zu den Menschen, die sich mit der Frage beschäftigen:

Soll ich mich für ein Leben mit Kind oder ein Leben ohne Kind entscheiden?

Dann bin ich genau das richtige Buch für Sie, denn...

Sie stellen sich in einem Bücherladen vor das Regal mit der Literatur über das Thema Kinderwunsch oder forschen im Internet nach einem Buch VOR der Entscheidung.

Was sehen sie dort?

Sie finden kilometerweit Ratgeber für die Schwangerschaft und alle Phasen des Kindseins und Elternseins.

Die Unsicherheit ist groß und das Bedürfnis auf Ratgeber zurückzugreifen ist noch viel größer.

Dann gibt es noch die Ratgeber der ungewollten Kinderlosigkeit.

Das ist nicht Thema dieses Buches.

Und ob die Welt die Spassbücher von Spassmachern zum Thema Kind braucht, ist noch nicht geklärt.

Fakt ist:

Sie finden nicht ein Buch, dass sich mit den Fragen beschäftigt, ob ein Leben mit Kind überhaupt das Richtige für Sie ist oder ob Sie als Paar auch gut als Eltern zusammen passen.

Das ist nicht zufällig so.

Seit vielen Jahren höre ich mir an, dass es nicht möglich ist, zu erklären, was ein Leben mit Kind tatsächlich bedeutet.

Und das glaube ich nicht.

Will es nicht glauben.

Ich bin eine Arbeiterin mit Worten und möchte Ihnen die Geschichte erzählen, was ein Leben mit Kind tatsächlich heisst.

Anschaulich, verständlich, unvollständig.

Es ist ein Angebot.

Ich muss es versuchen, denn ich habe zuviele Menschen getroffen, die sich und ihr Kind unglücklich gemacht haben,

weil sie dieses Leben mit Kind mehr als Belastung denn als Bereicherung erlebt haben; **weil** sie festgestellt haben, dass sie nicht das Leben leben konnten, das sie sich vorgestellt haben;

weil die Partnerschaft den Entbehrungen durch ein Kind nicht standgehalten hat;

weil das Kind, das sie hatten, nicht ihren Erwartungen entsprach;

weil die Erziehungsvorstellungen jedes Elternteils zur Konkurrenzveranstaltung verkommen war;

weil ihnen bei dem Spagat zwischen Beruf und Kind die Familie zerbrochen ist;

Weil, weil, weil

Ein weiterer Grund, warum es keine Bücher über die Zeit vor der Entscheidung gibt, sehe ich darin, dass die, die Kinder haben und ganz genau wissen wie es ist, sich nicht trauen zu sagen, warum ein Leben mit Kind keine Spaßveranstaltung auf einer Jubelbühne ist und nicht zugeben wollen, dass sie so viele Dinge über das Leben mit Kind nicht bedacht haben.

Das wollen sie ihrem Kind nicht antun, nämlich Dinge auszusprechen, die sich für ein Kind, das schon da ist, blöd anhören.

Meine Söhne mögen es mir vergeben.

Dieses Buch ist für Frauen geschrieben.

Ich bin eine Frau und kann es nur aus meiner Sicht erzählen.

Dennoch kann es auch für Männer interessant sein, sich diesem Buch zu widmen.

Es ist ein Buch, das Sie auch einige Anstrengung kosten wird, denn wir galoppieren durch mindestens 20 Jahre Ihres Lebens.

Ein Kind zu bekommen, passiert den Frauen in der heutigen Zeit nicht mal eben so.

Meistens.

Es gibt vermutlich heute mehr sogenannte Wunschkinder als vor 1960, dem Beginn der zuverlässigen Verhütung.

Es hat sich viel verändert und doch gibt es eine Zeit in unserem Leben, da sieht es so aus, als ob wir kaum eine Wahl hätten.

Um als vollständiges Mitglied dieser Gesellschaft anerkannt zu werden, sollten wir schon so zwischen 20 und 32 Jahren den richtigen Partner gefunden haben und zumindest den Wunsch haben, eine Familie zu gründen.

Doch wie ist es wirklich mit dem Wünschen?

Wollen wir es, weil es alle um uns herum tun?

Haben wir überhaupt eine Idee davon, was es heisst, ein Leben mit Kind zu führen?

Kommt dieser Wunsch von ganz innen?

So bewegen wir uns zwischen Wünschen und Erwartungen, Fragen und Unsicherheiten.

In meiner eigenen Geschichte konnte ich mir mit 16 Jahren gut vorstellen, ein Kind zu bekommen.

Er war meine erste große Liebe. Ich fühlte mich sehr erwachsen und war doch so wunderbar ahnungslos.

Mit 20 Jahren konnte ich es mir überhaupt nicht vorstellen.

Er war zwar ein interessanter Typ, aber vollkommen ungeeignet, ihn mir als verantwortungsbewussten Vater vorzustellen. Ich wusste inzwischen schon sehr viel darüber, was ein Kind bedeutet und wollte auf gar keinen Fall alleinerziehende Mutter sein.

Es ist der schwerste Job den es überhaupt gibt.

Mit 25 Jahren wusste ich, dass ich ein Kind haben wollte.

Ich hatte den Mann gefunden für den Rest meines Lebens.

Er war meine große Liebe.

Zwischen meinem 16 und 25 Lebensjahr hatte ich mich viel mit dem Thema Kind beschäftigt. Sowohl theoretisch, als auch praktisch.

Als ich 18 Jahre alt war, wurde mein Bruder geboren und ich konnte seine ersten zwei Lebensjahre aus nächster Nähe miterleben.

Es ist übrigens sehr zu empfehlen, sich einfach mal ein Kind in der Familie oder im Freundeskreis „auszuborgen" oder ein paar Nächte Babysitter zu sein, um eine Ahnung davon zu bekommen, wie es sich anfühlt.

In England gab es eine Schule, die eine sehr hohe Quote von Teenager-Müttern hatte. Dort haben sie überlegt, wie sie dieser Entwicklung begegnen könnten.

Sie haben den Versuch gemacht, jeden Morgen um 7.30 Uhr über Lautsprecher 10 Minuten Babygeschrei laufen zu lassen, was Wirkung zeigte:

Die Quote sank.

Ein Kind zu bekommen ist etwas ganz natürliches in unserem Leben.

So scheint es.

Es gibt scheinbar keinen Grund, sich über das Thema so viele Gedanken zu machen, denn der Fortpflanzungswunsch ist uns sozusagen einprogrammiert.

Und wir haben vielleicht sogar irgendwie den Wunsch in uns, doch wir sind uns eben nicht sicher.

Dieses Buch ist für Menschen, die ein Kind nicht nur deshalb haben wollen, weil es eben zum Leben dazu gehört, sondern genau wissen wollen, warum sie diese Aufgabe, ein Kind großzuziehen, auf sich nehmen wollen.

Jeden Tag steht es in der Zeitung, dass ein Kind zu Schaden gekommen ist.

Jeden Tag zerbrechen Familien, trennen sich Elternpaare.

Sie haben sich fast alle mal nichts sehnlicher gewünscht, als eine glückliche Familie zu sein.

Jeden Tag werden Kinder vernachlässigt, beschimpft, geschlagen.

Jeden Tag gibt es Mütter und Väter die glauben, die Alltagsbelastung mit Kind und Beruf nicht mehr bewältigen zu können.

Überlegen Sie kurz, wieviele Familien in ihrem Umfeld so leben, wie Sie sich ihre Zukunft mit Kind vorstellen?

Ich selbst habe Kinder. Ich habe mich bewusst für sie entschieden.

Es ging mir meistens gut mit meiner Entscheidung.

Nach dem ersten Jahr habe ich mich allerdings gefragt, ob Kinder ein Geschenk oder eine Strafe sind.

In den folgenden Jahren, wenn ich an den Grenzen meiner Kräfte wandelte, hat mir immer die bewusste Entscheidung von damals geholfen.

Übrigens hat mir diese Entscheidung für Kinder „von ganz innen" auch durch Krisen, mit dem Vater der Kinder geholfen.

Doch ich habe Hochachtung vor Frauen, die sich für ein Leben ohne Kind entscheiden und halte dies für eine sehr weise und mutige Entscheidung.

Weise deshalb, weil sie dem Sound of Baby, sein eigenes Leben in Nachfahren zu verewigen, widerstehen und erkannt haben, dass es nicht ihr Weg in diesem Leben ist.

Jede Zelle im Körper eines Menschen ist auf das Überleben und damit auf Fortpflanzung programmiert. Der Trieb Sex sichert dies durch die Möglichkeit der Zeugung von neuem Leben.

Dieser Selbstverständlichkeit der Natur mit einer bewussten Entscheidung entgegenzutreten, halte ich für sehr mutig.

Sie halten nicht Ausschau nach den gängigen Trophäen des Lebens wie Beruf, Mann, Haus, Kind, sondern erlauben sich andere Inhalte und Ziele aufzuspüren, die ihr Leben erfüllen.

Diesen Frauen passiert das Leben nicht einfach so und eben auch nicht ein Kind.

Mir ist vollkommen klar, dass es immer Frauen gegeben hat, die sich gegen ein Leben mit Kind entschieden haben und später im Alter unglücklich waren mit dieser Entscheidung.

Wir haben seit Generationen eine unerschöpfliche Reserve von Energie, uns hinzusetzen und darüber nachzugrübeln, was wäre gewesen, wenn....

Abgesehen davon, dass ich glaube, dass es müßig ist, etwas, das nicht so oder so gewesen ist durchzugrübeln, kann eine intensive Auseinandersetzung mit dem Thema Kinderwunsch zur passenden Zeit Sie davor schützen, mit - egal welcher Entscheidung - bis ans Ende Ihrer Tage in Frieden zu leben.

Dieses Buch kann dazu führen, dass Sie sich gegen ein Kind entscheiden.

Wir verzeihen niemandem der unsere Märchen zerstört.

Doch ich kann Ihnen nicht nur von den Sonnenseiten des Mutterseins erzählen. Sie sollen auch wissen, was sich hinter dem schnuckligen babyblau und süßen babyrosa an grauem Alltagsleben verbirgt.

Ich halte es für möglich, dass Ihnen meine Ehrlichkeit, Erfahrungen und Einschätzungen auf dem

Weg zu ihrer Entscheidung hilfreich zur Seite stehen können.

Ich möchte dazu beitragen, dass es nicht noch mehr unglückliche Frauen, Männer und Kinder gibt und glaube ganz fest, dass Sie mit diesem Büchlein die für Sie richtige Entscheidung treffen können und egal wie diese Entscheidung ausfallen wird, Sie werden damit ein glücklicheres Leben führen können.

Ihnen ist weder das eine noch das andere einfach so passiert.

Und Sie müssen nie sagen: „ So habe ich es mir nicht vorgestellt."

Schenken Sie mir vier Stunden Ihre Aufmerksamkeit.

Die Zukunft braucht viel mehr glückliche Menschen, mit und ohne Kind.

Eigene Notizen und Gedanken

2. Kapitel
GIBT ES EINEN SINN DES LEBENS?

Seit Jahrtausenden stellen Menschen sich die Frage nach dem Sinn des Lebens.

Warum tun wir das?

Weil uns Verstand gegeben worden ist und wir zu gerne wissen wollen, was wir mit diesem Geschenk „Leben" anfangen sollen.

Gibt es etwas, das wir zu erfüllen haben in unserem Leben?

Gibt es etwas das zu tun ist?

Ich glaube nein.

Mit diesem Nein meine ich, dass uns nichts vorgegeben ist.

Wir können unser Leben mit unzähligen sinnstiftenden Aufgaben und Zielen verbringen.

Wir können unser Glück im Basteln, Tüfteln, Forschen, Heilen, Helfen finden.

Wir können das Leben fließen lassen und uns mit der Frage beschäftigen, wie will mein Leben gelebt sein, was macht mich glücklich?

Alles ist gut, es gibt kein Richtig oder Falsch, was wir mit unserem Geschenk Leben anfangen.

Die ganze Welt ist voll mit den unterschiedlichsten lebenserfüllenden Verläufen.

Doch wir tun häufig so, als ob Mann, Kind, Familie und Job, das non plus ultra sind.

Mehr wollen wir nicht.

Oder doch?

Woher kommt diese Reduzierung?

Gerade durch die Fülle an Möglichkeiten scheinen wir oft so verunsichert, dass wir lieber zu dem Gängigen greifen, ohne uns die Zeit zu nehmen zu erforschen, was wirklich gut für uns ist.

Die Existenz der Welt, so wie sie ist, kann niemand erklären.

Genauso verhält es sich mit dem Wunsch der Menschen sich fortzupflanzen.

Woher kommt das, warum ist das in jedem Menschen verankert?

Kein Mensch weiß das und doch ist es da.

Die simpelste Erklärung dafür ist, den Erhalt des Menschen als Lebewesen auf dieser Welt, zu bewahren.

Nicht anders ist es bei den Tieren und Pflanzen, denn auch ihre Vielfalt soll scheinbar erhalten bleiben.

Aber warum ?

Wer oder was hat das so bestimmt?

Wir wissen es nicht.

Doch wenn es eine höhere Macht gibt, der wir unsere Existenz zu verdanken haben, dann hat sie uns auch Herz, Seele und Verstand geschenkt.

Damit sind wir die einzigen Lebewesen, die eine Wahl haben, was wir mit dem Geschenk Leben anfangen.

Wir haben die Wahl.

Ich kann und darf mich entscheiden, wie ich mein Leben lebe.

Ich entscheide, ob ich mich fortpflanzen möchte oder einfach nur schönen Sex haben möchte.

Ich darf wählen und beides ist gut, sonst wäre mir nicht die Wahl geschenkt worden.

Es gibt so unendlich viele Möglichkeiten, Spuren zu hinterlassen.

Es muss nicht ein Kind sein.

Mir ist sehr, sehr wichtig, dass Ihnen klar wird, dass nichts und niemand das Recht hat, Ihre Entscheidung zu beeinflussen und zu bewerten.

Ihnen wurde dieses Leben durch Ihre Eltern geschenkt, die ihre Sache gut oder weniger gut gemacht haben. Doch so oder so: SIE sind ein kostbares Lebewesen in dieser Welt.

Keine Tradition, keine Politik oder Religion hat das Recht, Ihre ganz eigene Entscheidung zu beeinflussen.

Auch nicht die Melodie der Natur, dieses Fortpflanzungsgen, das sich im Frühling besonders laut zu Wort meldet und eben nicht fragt, ob sie mit einem Kind überhaupt glücklich werden können.

Es ist ein Feuerwerk an Für und Wider.

Sie haben die Freiheit der Entscheidung.

Dann, und nur dann können Sie glücklich und zufrieden Ihr Leben leben.

Nehmen wir einmal an, sie entscheiden sich für ein Kind.

Ihr Kind kommt zur Welt und Ihr ganzes zukünftiges Leben wird von diesem Kind Tag für Tag beeinflusst. Es gibt gute und schlechte Phasen. Mal sind sie glücklich und dann auch wieder am Rande ihrer Kräfte.

Doch gerade, wenn Sie sich sehr belastet fühlen, gerade dann wird Ihnen die Zeit Ihrer Entscheidung immer wieder einfallen. Sie werden sich erinnern, wie sehr Sie dieses Kind gewollt haben und es wird Ihnen neue Kraft, Liebe und Geduld wachsen.

Wenn Sie Ihre ganz eigene Entscheidung gegen ein Kind treffen wollen, dann ist das etwas sehr wertvolles und Sie können mir glauben, es wird viele Frauen geben, die Sie um Ihre Entscheidung beneiden, nämlich diese Herscharen von Frauen, die sich nur vom Einfluss der Gesellschaft und ihres Umfeldes haben treiben lassen und erst zu spät erkannt haben, dass ein Leben mit Kind die falsche Entscheidung für sie war.

Wir denken, dass die Emanzipation uns von der Gleichung „Frau sein heißt Kinder zu bekommen" befreit hat und das ist in großen Teilen auch so.

Doch geistert immer noch etwas in unserer Gesellschaft herum, das uns einflüstert:

Ein Mann ohne Familie und Kinder ist okay, eine Frau ohne Familie und Kinder, da stimmt was nicht.

Was für ein Hohn!

Gehen Sie wertschätzend mit sich selbst um, spüren Sie Ihren geheimsten Wünschen und Träumen nach, schreiben Sie sie auf.

Hören Sie den Lebensgeschichten von anderen Menschen mit und ohne Kind zu. Es wird Sie inspirieren für Ihre eigene Geschichtsschreibung.

Lassen Sie sich nicht blenden von den gängig herrschenden Lebenswerten in der Gesellschaft wie Geld, Sex, Macht. Sie sind so hohl wie eine Nuss.

Zerreissen Sie den Nebelschleier vor Ihren Sternen.

Folgen Sie Ihren Sehnsüchten.

Was macht ein erfülltes Leben für Sie aus?

Sie können alles schaffen, wenn Ihre Ziele mit einer tiefen Überzeugung und aus ganzem Herzen gelebt werden wollen.

Zeigen Sie der Welt, wie glücklich, erfüllt und zufrieden ein Leben ohne Kind ist.

Seien Sie ein Leben lang glücklich mit Ihrer Entscheidung für ein Kind.

Doch vor Allem:

Treffen Sie IHRE Entscheidung.

Und vergessen Sie nicht:

Der Sinn des Lebens ist, IHR Leben zu leben.

Eigene Notizen und Gedanken

3. Kapitel

AM ANFANG BIN ICH

Für welche Lebensform wir uns entscheiden, hängt sicherlich von vielen Faktoren ab.

Da ist zunächst die eigene Familie und ob wir mit der eigenen Familiengeschichte gute Erfahrungen und Gefühle verbinden oder nicht.

Umso unerfreulicher die Erinnerungen sind, die sich mit dem Begriff Familie verbinden, desto eiliger haben wir es so schnell wie möglich unabhängige Lebensformen zu finden und uns mit dem Thema der eigenen Familiengründung so lange wie möglich nicht zu befassen.

Wir sind noch jung.

Machen wir mit dem einfachen Lauf der Dinge weiter.

Die ganz normale Abnabelung vom Elternhaus liegt hinter uns.

Die Formen sind sehr unterschiedlich:

Wir ziehen in die weite Welt.

Oder wir leben in einer Wohngemeinschaft.

Manche von uns haben auch schon in jungen Jahren den Traumpartner gefunden und ziehen nun zusammen in eine gemeinsame Wohnung.

Oder wir starten ins Erwachsenleben alleine mit einer eigenen Wohnung.

Dieser Variante möchte ich mich etwas ausführlicher widmen.

Haben wir erste Erfahrungen im Alleinleben, wissen wir auch sehr schnell, ob wir mit uns alleine, einsam oder glücklich sind.

Dies ist eine nicht zu unterschätzende Erfahrung. Denn egal wie groß die Liebe später zu unserem Partner sein wird:

Nur wenn wir uns vor dem Alleinsein nicht fürchten, werden wir nicht um jeden Preis an der Beziehung festhalten und Kompromisse eingehen, die unsere ureigenen Wünsche und Träume unkenntlich machen.

Alleine sein ist nicht per se Einsamkeit.

Wenn wir das Alleinsein genießen lernen, bevor wir uns für die Zweisamkeit entscheiden, dann haben wir die besten Chancen auf ein glückliches Leben zu zweit, auch wenn das paradox klingen mag.

Wir werden nie mehr aus Angst vor einem Leben alleine in einer Beziehung bleiben, die nicht von

gegenseitiger Achtung, Kompromissen auf Augenhöhe und Liebe geprägt ist.

Es ist eine Kostbarkeit, sich nur für das eigene Leben zu fragen, was möchte ich vom Leben, was ist
mir wichtig und sich zu trauen auch neues Auszuprobieren. Ohne Erklärungen, ohne Begründun-
gen, ohne Rechtfertigungen, ohne Kompromisse,
einfach nur weil die Idee da ist und Sie begeistert
sind.

Wenn Sie sich dann irgendwann für ein Leben mit
Kind entscheiden und die Zeit der Unabhängigkeit
vorbei ist, werden Sie sich immer gerne an diese
Zeit in ihrem Leben erinnern, ohne etwas zu ver-
missen.

Denn es hat sie gegeben.

Ein Leben mit Kind besteht aus Verzicht auf eigene Wünsche, Kompromissen als Paar und vielem
unspektakulärem Alltagskram.

Hüten Sie sich davor zu glauben, dass ein Kind Ihrem Leben den neuen Kick geben könnte.

Das ist zwar so, in den ersten Monaten, aber die
sehr, sehr viel längere Zeit hat es ganz und gar
nichts von einem Kick.

Da gehören sie einfach nur zu der großen Masse der Menschen, die eben ein Kind hat, Familie ist und Punkt.

Ein Kind großzuziehen ist eine Herausforderung, die enorme Kraft kostet.

Viele vor Ihnen haben geglaubt, dass sie ein Kind glücklich macht und doch wurden sie unglücklich.

Viele haben geglaubt, ihre Liebe als Paar mit einem Kind zu krönen und dann hat der Alltag ihre Liebe aufgefressen.

Viele haben sich für ein Leben ohne Kind entschieden und haben es später bereut.

Es gibt kein Patentrezept für ein glückliches Leben und doch halte ich es für möglich, gerade mit der Entscheidung für oder gegen ein Leben mit Kind in Frieden zu leben, wenn diese Entscheidung möglichst viele Aspekte beider Tragweiten berücksichtigt.

Es gibt Spielregeln in unserem Leben, die durchaus Sinn machen:

Wenn wir Hunger haben, können wir essen.

Wenn wir Durst haben, können wir trinken.

Wenn wir müde sind, können wir schlafen.

Wenn wir traurig sind, können wir weinen.

Wenn wir fröhlich sind, können wir lachen.

Aber die Spielregel „Wenn wir uns lieben, können wir ein Kind zeugen" können wir brechen. Wir müssen nicht mitspielen.

Es ist IHR Leben.

Nicht alle Aspekte, die ich ansprechen werde sind neu für Sie oder treffen auch möglicherweise gar nicht auf Sie zu.

Doch Sie werden genau spüren, wann ein Thema Sie etwas angeht und dann nehmen Sie sich auch alle Zeit der Welt, denn Sie sind der wichtigste Mensch in diesem Buch.

Es geht um IHRE Entscheidung.

Eigene Notizen und Gedanken

4. Kapitel

DER KINDERWUNSCH

Mit dieser Frage beschäftigen wir uns tage- und nächtelang, manchmal auch monate- und jahrelang.

Wir spüren sehr genau, es ist DIE FRAGE in unserem Leben.

Mal sind wir uns ganz sicher, dass ein Leben ohne Kind falsch wäre.

Dann fragen wir uns, ob wir auf unsere Freiheiten verzichten können, um für ein Kind da zu sein.

Mal möchte der Mann ein Kind und wir halten es für den falschen Zeitpunkt und dann wollen wir die Liebe mit einem Kind krönen und er will gerade an seiner Karriere basteln.

So geht die Zeit dahin, die Fragen kommen und gehen, doch einer Entscheidung sind wir keinen Schritt näher gekommen.

Die ersten niedlichen Babys tauchen in unserem Freundeskreis und in der Familie auf und wir sind ganz entzückt.

Wir lernen diesen besonderen Blick kennen, der uns durchbohrt und erforschen will, ob wir denn nun auch endlich bereit sind für ein Kind.

Es gibt diese Zeit, da scheint sich alles nur noch um diese Frage zu drehen. Nicht etwa, ob ich überhaupt ein Kind möchte oder nicht, sondern es geht nur noch um das Wann.

Doch es ist eben komplizierter.

Wir spüren sehr genau, dass die Antwort auf diese Frage mehr umfasst, als nur zu wissen, dass ich den Mann gefunden habe, den ich liebe, meinen Traumberuf ausübe und finanziell gut aufgestellt bin.

Das haben vor uns auch viele geschafft, eine Familie gegründet und sind dann doch unglücklich geworden.

Ich beschäftige mich schon sehr lange mit der Frage, wie ich einer Frau die Geschichte vom Leben mit Kindern so erzählen kann, dass sie wirklich versteht, wie es sein wird, mit einem Kind zu leben:

Was bedeutet es für ein Paar, Eltern zu sein?

Wie viel muss ich über mich selbst wissen, um zu verstehen, ob mich das Muttersein glücklich oder unglücklich macht?

Es geht hier nicht um wissenschaftliche Abhandlungen, sondern ich möchte Sie auf eine Reise zu Ihnen, Ihrer Geschichte und zu Ihren Wurzel mitnehmen.

Ich möchte Ihnen erzählen, worauf es ankommt in einer Paarbeziehung, die sich auf den langen Weg der Elternzeit machen will.

Viele Antworten darauf, ob ein Leben mit Kind die richtige Wahl für unser Lebensglück ist, finden wir in uns selbst und unserer Geschichte sowie in der Art unserer Partnerschaft.

Manche Menschen haben dieses Gen für   Job, Wohnung, Familie auch gar nicht und Fühlen sich bedrängt und eingeengt von dieser Erwartung.

Andere spüren sehr genau, dass sie in dem Ziel in einer glücklichen Familie mit Kindern zu leben, ihre Erfüllung finden.

Es ist wichtig, genau in sich reinzufühlen.

Dieses Buch ist für Frauen, denn sie sind es, welche die Entscheidung für oder gegen ein Kind treffen.

Egal wie die Umstände sind, ob eine Schwanger-schaft gewollt, unverhofft oder geplant ist, ob mit dem Vater oder ohne ihn, die Entscheidung trifft die Frau, ob sie ein Kind austragen will oder nicht

Es ist die weitreichendste Entscheidung, die eine Frau in ihrem Leben trifft.

So oder so.

Es gibt nicht den Kompromiss.

Wir leben unser Leben mit Kind oder ohne Kind.

Ein bisschen Kind geht nicht.

Beginnen wir mit unserer kleine Reise durch das Land der Lebensplanung mit Kind oder ohne Kind, an deren Ende sie ihre Antwort gefunden haben können.

Eigene Notizen und Gedanken

5. Kapitel

LUFT UND LIEBE

Die Luft zum Atmen ist alles, was wir zum Leben brauchen.

Doch da gibt es noch etwas.

Die Liebe.

Wir wissen nicht, was sie ist, wo sie herkommt und warum sie so wichtig ist wie die Luft zum Atmen.

Ohne liebevolle Berührung und Wärme, würde kein Kind die ersten sechs Lebensmonate überleben.

Die Liebe eines Kindes zu den Menschen, die immer da sind, um es am Leben zu erhalten, ist bedingungslos.

Kinder lieben ihre Eltern bedingungslos.

Am Anfang.

Sie dürfen mehr Fehler machen, als jeder andere Mensch auf der Welt.

Dies gilt natürlich auch für andere Menschen, die immer für uns da waren in unseren ersten Lebensjahren.

Sie werden wissen, ob es diese Menschen für Sie gab und wer sie waren.

Sie sind ein wichtiger Schlüssel für Ihre Entscheidung.

Beschäftigen wir uns etwas ausführlicher mit der Frage, ob es für Sie diese Menschen gab, die Sie bedingungslos geliebt haben.

Das müssen nicht zwangsläufig Ihre Eltern gewesen sein.

Es können auch andere Menschen sein, von denen Sie kontinuierlich umgeben waren, auf die Sie sich immer verlassen konnten in Ihrer Kindheit.

Sie haben den Worten und Taten dieser Menschen vertraut, haben sich geborgen gefühlt, konnten weinen und lachen, böse und wütend sein und wurden so geliebt wie Sie waren.

Kurz, der Boden Ihres Lebens ist mit Vertrauen und Sicherheit vollgesogen und hat Sie durch alle Höhen und Tiefen der Kindheit und Jugend bis in das Erwaschsenleben getragen.

Wenn Sie an Ihre Kindheit denken, gibt es dann Bilder und Gefühle an die Sie sich gerne erinnern?

Die das Gefühl von Wärme, Geborgenheit, Freude und Glück in Ihnen wachrufen, Ihnen ein Lächeln ins Gesicht zaubern?

Das wäre ganz wunderbar, denn dann haben Sie etwas geschenkt bekommen, dass Sie auch weiterverschenken können.

Bedingungslose Liebe.

Oder haben Sie in Ihrer Erinnerung eher das Gefühl, dass Ihre Kindheit lieblos und von Unsicherheit geprägt war?

Schmerzhafte Beziehungsabbrüche noch heute in Ihnen nachwirken?

Ihnen ständig erzählt wurde, wie dankbar Sie sein müssten, weil für Sie auf alles mögliche verzichtet wurde?

Dann ist Vorsicht geboten.

Ich sage Ihnen warum.

Wir Frauen reden über das Thema Kinderwunsch mit Freundinnen oder in der Familie und uns sind schon Sätze begegnet wie, ich mache es besser als meine Eltern oder ich möchte ein Kind, dem ich all meine Liebe schenken kann, die ich nicht bekommen habe.

Vielleicht kennen Sie diese Sätze auch von sich selbst.

Doch hier sage ich ohne wenn und aber, dass das nicht funktioniert.

Ich kann nicht geben, was ich nicht bekommen habe.

Wenn wir bedingungslose Liebe nicht geschenkt bekommen haben, verfügen wir auch nicht über diese Energie in uns, aber wir werden immer, unser ganzes Leben hindurch, alles dafür tun, Liebe zu bekommen.

Wir werden uns verbiegen, um den Menschen zu gefallen, von denen wir glauben, dass wir sie lieben.

Wir werden beruflich alles aus uns rausholen, damit wir die Liebe und Anerkennung bekommen, auf die wir als Kind verzichten mussten.

Wir werden ruhelos durch die Welt rennen, um diese Leere nicht zu spüren.

Was bedeutet dies für Ihr Kind?

Sie werden von Ihrem Kind erwarten, dass es Ihnen die Liebe schenkt, die Sie nicht bekommen haben.

Sie werden erwarten, dass dieses Kind Ihnen gut tut und gut zu Ihnen ist.

Das es Ihnen dankbar ist und Ihre Mühen belohnt.

Doch genau das ist nicht der Fall, denn die bedingungslose Liebe muss Ihr Kind durch Sie erfahren Tag für Tag, Monat für Monat, Jahr für Jahr, nicht umgekehrt.

Sie setzen den Samen der Liebe in Ihrem Kind ein.

Zunächst diese Liebe zu sich selbst und dem Leben.

Später, viel später kann dann Ihr Kind diese Liebe weiter verschenken.

Sie kommen über viele Jahre zu kurz und müssen in den besten Jahren Ihres Lebens auf vieles verzichten.

Sie brauchen ein großes Potenzial zu geben, ohne Gegenleistung zu bekommen.

Sie müssen sich zurücknehmen, ohne Dankbarkeit zu erhalten.

Es gibt keinen Belohnungstopf, aus dem Sie naschen könnten.

Wissen sie, warum Babys so niedliche Wesen sind?

Weil sie sonst keine Chance hätten zu überleben.

Das klingt hart, ist aber wahr, denn diese niedlichen, kleinen Wesen stellen unser ganzes Leben auf den Kopf, strapazieren uns in nie dagewesener Weise.

Sie treiben uns an unsere Grenzen des Erträglichen, wir haben keine Zeit mehr für uns, alles dreht sich um das kleine Wesen und diese kleinen Wesen ahnen nichts von diesen Strapazen, ja, sie werden später keine einzige bewusste Erinnerung an diese Zeit haben.

Überlegen Sie einmal, wann Ihre frühesten Kindheitserinnerungen beginnen.

Genau.

Die gesamten ersten Jahre ergeben kein klares Bild in unseren Erinnerungen.

Meine ersten Erinnerungen beginnen mit vier Jahren.

Ich kenne einen einzigen Menschen, der sich daran erinnern kann, wie er mit einem Jahr laufen gelernt hat.

Das heisst für Sie:

Sie müssen ganz alleine mit dieser drastischen Veränderung in Ihrem Leben klar kommen.

Verfügen Sie dann nicht über diese so lebenswichtige Energie der Liebe, ohne wenn und aber, beginnt eine Odyssee, denn es warten viele Bewährungsproben auf Sie.

Sie glauben an Ihrer Aufgabe zu wachsen?

Ganz falsch, denn es kann nur da etwas wachsen, wo das Samenkorn gelegt worden ist

Ein Kind zu haben ist die Erntezeit dessen, was Sie selbst bekommen haben.

Wo keine Saat in Ihrer Geschichte ist, kann auch keine Ernte folgen.

Ein Kind ist eine ganz eigene Persönlichkeit und zwar von Anfang an.

Das kleine Lebewesen ist Ihnen zunächst fremd, sie wissen nichts voneinander, lernen sich erst nach und nach kennen.

Alles ist neu für Sie und auch von Angst begleitet, etwas falsch zu machen.

Ständig gucken Sie, ob es dem Kind gut geht, haben schlaflose Nächte.

Egal wie viele Ratgeber, Ratschläge und Tipps Sie einsammeln:

Sie werden nicht wissen, ob die Entscheidungen, die Sie Tag für Tag treffen müssen, die Richtigen sind und die Unsicherheit, ob es gerade für Ihr Kind das Richtige ist, wird Ihre ständige Begleiterin sein.

Bei all dem hilft Ihnen ausschließlich dieses tiefe Gefühl der Liebe und Verbundenheit, das Sie in sich tragen, das Ihnen geschenkt wurde und Sie nun weiter verschenken.

Diese Liebe trägt Sie und Ihr Kind durch alle Unwetter.

Sie werden einfach fühlen, was das Richtige zu welcher Zeit für Ihr Kind ist.

Doch haben Sie dieses Fundament nicht in sich, dann bekommen Sie ganz schnell das Gefühl, dass Ihr Kind alle Energie aus Ihnen herauszieht, Sie einengt, Sie ärgert und daran hindert, am Leben teilhaben zu können.

Lassen Sie sich viel Zeit.

Was sagt Ihnen Ihr Gefühl?

Wie fühlt sich Ihre Geschichte an?

Schwelgen Sie in Erinnerungen und spüren Sie, ob Sie diese Liebe in sich tragen, die Sie nun weiterverschenken möchten.

Und glauben Sie mir, wenn Sie keine Vorstellung davon haben, was bedingungslose Liebe ist, dann erwartet Sie der ganz falsche Film in einem Leben mit Kind.

Denn egal, dass sie niedliche kleine Wesen sind und unseren Beschützerinstikt wecken, sie ziehen über viele Jahre all unser Energiepotenzial aus uns heraus und wenn wir das nicht verschwenderisch bereit sind zu geben, werden diese niedlichen kleinen Wesen zum Focus Ihrer Unzufriedenheit und der schöne Traum von einem Leben mit Kind löst sich in Luft auf.

Eigene Notizen und Gedanken

6. Kapitel

IN ALLEM NEUEN WOHNT
EIN ZAUBER

Ist das so?

Ich glaube das.

So ist es, wenn wir uns verlieben, denn es ist berauschend und neu.

So ist es, wenn wir an einen unbekannten Ort kommen und neugierig mit leuchtenden Augen alles in uns aufnehmen.

So ist es, wenn wir uns neuen Aufgaben widmen und ganz wach und interessiert sind.

So ist es, wenn ein neues Jahr beginnt und wir uns neue Ziele setzen.

So ist es auch, wenn wir schwanger sind.

Es ist ein geheimnisvoller Cocktail, aus unbekannten Zutaten.

Es ist neu, beglückend und wir bekommen ein ganz intensives Körpergefühl und eine ganz neue Art der Aufmerksamkeit.

Alle freuen sich mit uns und es ist noch ganz unwirklich, dass in uns das Wunder Leben heranwächst.

Das neue Kapitel in ihrem Leben hat begonnen.

Sie wissen nun, dass ihre Zeit als Paar sich wandelt und gleichzeitig werden Sie mit vollkommen neuen Themen überschüttet.

Soweit so gut.

Doch es geht darum, mit Ihnen Ihre Entscheidung im Auge zu behalten.

Wenn es so leicht und erfreulich bliebe wie oben beschrieben, wäre es ganz einfach.

Ich habe immer gesagt schwanger könnte ich jedes Jahr sein, denn es ist eine spannende und wunderbare Erfahrung, wenn da nicht die alles verändernde, folgende Lebenszeit wäre.

Ein Kind verändert unser ganzes Leben, nicht nur für den Augenblick, sondern für immer.

Also zu sagen, ich möchte einmal in meinem Leben die Erfahrung der Schwangerschaft machen, trägt mit Sicherheit nicht.

Übrigens habe ich noch keine einzige Frau getroffen, die zwischen 16 und 20 Jahren ein Kind bekommen hat und diese Entscheidung nicht bereut hat oder in einem Fiasko endete.

Häufig ist der einzige Beweggrund in diesen jungen Lebensjahren, sich nicht mit der eigenen Lebensplanung auseinandersetzen zu wollen und zu glauben mit einem Kind fragt mich keiner mehr, was ich denn so vorhabe mit dem Leben.

Die Tragik ist, dass Leben verstehen wir oft erst wenn wir rückblickend darauf gucken, will aber vorwärts gelebt werden.

Eigene Notizen und Gedanken

7. Kapitel

ÜBER DEN RICHTIGEN ZEITPUNKT

Ein schwieriges Thema, denn erlaubt ist heute alles.

Doch ich schreibe dieses Buch nicht für irgendwelche durchgeknallten Promis die mit 50, 60, 70 Jahren mit der dazugehörigen sehr viel jüngeren Frau ein Kind zeugen.

Ich denke, dass zwischen 25 Jahren und 35 Jahren der ideale Zeitpunkt ist und ich sage Ihnen warum.

Ein Kind in die Welt zu setzen bedeutet, ca. 20 Jahre vollen Einsatz zu fahren.

Sagen wir mal, Sie sind Mitte 20 zur Geburt Ihres Kindes, dann sind Sie Mitte 40 bis sich Ihr Kind auf dem Weg ins sein eigenes Leben macht.

Werden Sie zu Beginn schlaflose Nächte haben, weil es kaum ein Baby und Kleinkind gibt, das durchschläft, wiederholen sich die schlaflosen Nächte im Teenageralter, wenn das Nachtleben für Ihre Tochter oder Ihren Sohn interessant wird.

Ist Ihr „Kind" unterwegs, tun Sie kein Auge zu, bis es nicht zu Hause ist.

Dass ein Kind viel Kraft und Energie kostet, hatten wir schon.

Dass Ihre Kräfte aber mit Mitte 40 spürbar nachlassen, ist auch ein Fakt.

Sind Sie dann weitestgehend durch mit den schlaflosen Nächten, dann passt es.

Spielen wir noch eine andere Rechenaufgabe durch.

Wir sind selbst Kinder von Eltern.

Unsere Eltern stehen zur Geburt unseres Kindes mitten im Leben, freuen sich auf ihr Enkelkind und fahren, im besten Fall, vollen Einsatz als Großeltern.

Doch auch die fittesten Großeltern kommen in die Jahre.

Das macht auch nichts, im Hinblick auf Ihr eigenes Kind.

Oma und Opa werden im Laufe der Jahre immer weniger gebraucht, für die Unterstützung und Entlastung im Alltag.

Der Punkt ist, dass Ihre Eltern **Sie** brauchen.

Haben Sie sich aus dem Gröbsten mit Ihrem eigenen Kind rausgeackert und freuen sich über jeden gewonnenen Freiraum der zurückkommt, beginnt der Generationenvertrag!

Die alt gewordenen Eltern brauchen mehr und mehr Ihre Gesellschaft und Hilfe.

Ich gestehe, dass ich diesen Aspekt in meiner eigenen Geschichte überhaupt nicht auf dem Schirm hatte.

Meine Kinder waren zwölf Jahre alt, als dieses Thema begann und es hat mich Tränen gekostet.

Die Entwicklung der größer werdenden Kinder, hin zu mehr Selbständigkeit und Eigenleben fühlt sich großartig an.

Diese Erkenntnis, dass die Freiräume an Zeit für mich verschluckt wurden von den alt geworden Eltern, hat mich schockiert.

Ich will hier kein Entsetzen verbreiten, aber ich habe Ihnen Ehrlichkeit und Offenheit zugesagt und darum mache ich Ihnen dieses Angebot, Ihre eigene Rechenaufgabe aufzumachen und Ihre Schlüsse zu ziehen.

Jedes Thema in diesem Buch dient dazu, Ihre Entscheidung für ein Leben mit Kind oder Ihre Entscheidung für ein Leben ohne Kind zu führen, zu unterstützen.

Nicht jedes Thema muss auch Ihres sein.

Eigene Notizen und Gedanken

8. Kapitel

ZWEISAMKEIT

Gibt es was Schöneres, als verliebt zu sein?

Alles ist schön, schillernd und fröhlich.

Wir brauchen keinen Schlaf, nichts zu essen und wir denken nur an ihn.

Sex ist nicht nur Sex, sondern ist etwas vom Wunderbarsten, was ein Mensch auf dieser Erde erleben kann.

Ihnen ist schwindlig vor Glück und in Ihren Füßen sitzen Sprungfedern der Leichtigkeit.

Dieses Ziehen im Bauch kann süchtig machen.

Wir würden diesen Zustand gerne auf Flaschen ziehen und nach Bedarf immer wieder mal einen Schluck davon nehmen.

Doch diese überirdische, atemlose Dimension des Verliebtseins würde uns auf Dauer umbringen,

Irgendwann müssen wir auch wieder Luft holen.

Nach einigen, hoffentlich mehr schönen als weniger schönen Erfahrungen, verändert sich der Blick auf das Exemplar Mann vom Spassfaktor zum Fortpflanzungspartner.

Wenn uns der Pfeil des Außerirdischen getroffen hat, wissen wir es.

Wir haben den Mann gefunden, mit dem wir uns ein ganzes Leben vorstellen können und er könnte auch das geeignete Exemplar, für Ihren Kinderwunsch sein.

Ich mache es kurz.

Nach dem explosionsartigen Schwebezustand beginnt die Zeit der Landung.

Der Vulkan kühlt auf Normaltemperatur herunter.

Die grundsätzliche Frage, ob für beide ein Leben mit Kind vorstellbar wäre, ist geklärt.

So in der Richtung ja, nein, vielleicht, später.

Sie haben Ihre ganz eigene Geschichte mit Ihrer Beziehung und sind an dem Punkt angekommen, sich für oder gegen ein Leben mit Kind zu entscheiden.

Es gibt so etwas wie die gefühlte Temperatur, dass gerade dieser Mann für Sie der Vater Ihres zukünftigen Kindes sein soll.

Sie fühlen sich als Paar sehr geeignet Eltern zu werden.

Das Fortpflanzungsgen leistet ganze Arbeit, denn aus Ihnen soll neues Leben entstehen.

Das ist alles ganz wunderbar, doch ich schreibe dieses Buch im Hinblick auf Aspekte, die Beachtung finden sollten vor der Entscheidung vom Paar zu Elternpaar.

Nehmen wir mal an, Sie sind ein harmonisches Paar, haben einige Monate oder Jahre das Paarsein genossen und viel voneinander erfahren.

Der Knackpunkt ist, dass Sie nichts darüber wissen können, ob Sie als Eltern harmonisieren werden und ob sie in Erziehungsfragen kompatibel sind.

Ein nicht unerheblicher Risikofaktor.

Wie können Sie die Risiken minimieren?

Überdenken Sie folgende Fragen und ziehen Sie Ihre Schlüsse.

Gehören Sie und Ihr Partner zu den Menschen, die gerne Verantwortung übernehmen?

Dies ist von Vorteil.

Treffen Sie gerne Entscheidungen, haben Prinzipien und Durchhaltevermögen?

Dann stehen Ihre Chancen gut.

Ist Eifersucht ein Thema in Ihrer Beziehung?

Ein nicht zu unterschätzendes Risiko auf der Minusseite.

Dazu an anderer Stelle mehr.

Können Sie gut Ihre eigenen Bedürfnisse zurückstellen oder sind Sie eher der Typ Frau, der schnelle Bedürfnisbefriedigung sehr wichtig nimmt?

Dann wird es schwierig.

Haben Sie immer das Gefühl, zu kurz zu kommen, vom Kuchen des Lebens immer das kleinere Stück abzubekommen?

Keine gute Voraussetzung.

Brauchen Sie viel Aufmerksamkeit und Anerkennung, um sich gut zu fühlen? Dann könnte es schwierig werden.

Sind die Machtverhältnisse in ihrer Beziehung gut verteilt? Umso besser.

Sie fragen sich wie ich auf Macht komme?

Jede Beziehung ist auch ein Machtkampf.

Das ist nichts schlechtes, aber den Machtverhältnissen sollte viel Beachtung geschenkt werden und sie sind immer wieder neu auszubalancieren.

Es geht darum, wer hat in welchen Angelegenheiten eher das Sagen oder das Durchsetzungsvermögen.

Wer überlässt wem bestimmte Themengebiete, wie ausgewogen ist die Verteilung?

Beispiele:

Einer ist zuständig für das Einkaufen und Kochen, der Andere für das Putzen und Waschen. Damit bestimmt mann/frau über das wann, was, wie.

Oder Freundeskreis und Kontaktpflege: Wer kümmert sich?

Wer lässt Freunde für den Frieden in der Beziehung auf der Strecke?

Oder Reiseplanung: Wer macht welche Kompromisse, um zu einem gemeinsamen Urlaub aufzubrechen?

Schauen Sie einfach mal auf Ihr bisher gemeinsam gelebtes Leben und wie sich die Dinge verhalten haben.

Ich lege auf diesen Aspekt von Beziehung sehr viel Wert, weil sich über die Machtstruktur in einer Beziehung die Achtung voreinander und die Anerkennung des anderen als gleichwertigen Partner definiert.

Wenn die Machtverhältnisse in eine Schieflage geraten, dann leidet ein Teil des Paares.

Überlasse ich meinem Partner zu viele Aspekte von Entscheidungen, ob im Alltag oder von tragender Bedeutung, kann ich mich ganz schnell in der Defensive wiederfinden.

Dann löse ich Irritationen aus, wenn ich doch mal was bestimmen will.

Gerade wir Frauen freuen uns über das Beschütztsein durch einen Partner.

Daran ist nichts Schlechtes.

Er ist stark, übernimmt Verantwortung, entscheidet.

Es hat auch was Bequemes.

Doch zu welchem Preis?

Bin ich im Supermarkt, spielt sich immer wieder folgende Szene ab:

Die Frau fragt ihren Mann, ob sie dies oder jenes noch in den Korb legen kann. Runzelt er die Stirn, begründet und rechtfertigt sie ihren Wunsch.

Will er es nicht, tut sie es nicht.

Grauenhaft.

In der heutigen Zeit ist der finanzielle Aspekt in einer Beziehung relativ ausgeglichen.

Beide haben ihren Beruf, ihr Einkommen, ihre Selbständigkeit.

Doch die Bereiche in denen die Ausgewogenheit der Machtverhältnisse in Gefahr ist, haben sich nur verschoben.

Auto, Technik, Heimwerken sind immer noch die klassischen Themen.

Da kennt er sich aus, da ist er der Chef.

Das sind die Dinge von Bedeutung, da ist die Macht.

Früher hieß es, Kinder, Küche, Kirche sind die Frauenthemen.

Mit der Kirche hat sich das weitgehend erledigt, jedenfalls bei uns.

Doch Küche und Kinder sind überwiegend geblieben.

Und liegt da die Macht? Mitnichten.

Die Anerkennung dieser Tätigkeiten um Küche und Kinder verschwinden in der Bedeutungslosigkeit.

Auch die plötzlich so zahlreich kochenden Männer im Fernsehen ändern an der Tatsache nichts.

Übrigens das große Tamtam in der Politik zum Thema Familie, die sogenannte Keimzelle der Gesellschaft, auch nicht.

Diese unglaubliche Fähigkeit von Frauen, zu organisieren, zu planen, an 20 Sachen am Tag gleichzeitig zu denken und sie zu erledigen, sind eine bemerkenswerte Gabe, haben aber kein Gewicht in der Verteilung der Macht.

Das hat auch etwas damit zutun, dass wir Frauen nicht so ein Getue um diese Dinge machen. Wir sind eher die stille Sorte Mainzelmännchen oder besser Mainzelfrauen. Wir machen.

Für die Augen der Männer unsichtbar.

Wenn er arbeiten muss, dann muss er arbeiten.

Wenn er Sport macht, dann macht er Sport.

Wenn er seine Freunde trifft, dann trifft er seine Freunde.

Seine Dinge des Lebens sind Gesetz und wir Frauen drapieren uns drum herum.

Wir sind so, es fällt uns leicht.

Wird allerdings die Küche gestrichen, der Computer installiert oder ein Navi fürs Auto angeschafft, dann sind das Events.

Es geht mir überhaupt nicht darum Bitterkeit in die Zweisamkeit zu streuen, es geht mir aber ganz dringend darum, dass Sie sich dessen bewusst sind, wie auch die rosaroteste Zweisamkeit auf Dauer tickt, Belastungsproben ausgesetzt ist und jede Menge Fallstricke auf dem Weg bereit liegen.

Es geht hier um ein dauerhaftes Modell von Zweisamkeit, denn wir befassen uns mit Ihnen als Paar, das einen sehr langen Weg als Eltern vor sich haben könnte und an der Elternschaft nicht zerbrechen will.

Doch ob mit oder ohne Kind, die wichtigsten Grundpfeiler einer lebenslangen Beziehung sind, meiner Erfahrung nach, dass dieses Grundgefühl von Liebe für den anderen nicht beschädigt wird.

Dass egal, wie stark eine Krisenzeit auch sein mag, diese Achtung voreinander bewahrt bleibt. Dazu gehört auch Vertrauen, sich aufeinander verlassen zu können samt ausgeglichenen Machtverhältnissen.

Es ist von sehr großer Bedeutung, dass Sie sich Ihre Beziehung gut ansehen, denn das Leben mit Kind wird sie als Paar auf eine sehr harte Belastungsprobe stellen.

Sie werden als Paar lange Zeit nicht wirklich existieren, denn sie sind Eltern und die Bedürfnisse ihres Kindes haben die höchste Priorität.

Dazu kommt noch, dass Sie das Pendeln zwischen Muttersein und Frausein, zwischen Vater sein und Mannsein erst lernen müssen.

Sie kennen das Phänomen in ihrem Umfeld, wenn Sie sich mit Freunden treffen, die ein Kind haben.

Was ist dann Thema?

Genau.

Das Kind.

So, als ob anderes nicht mehr existiert.

Tut es auch nicht wirklich.

Doch haben Sie Geduld.

Den meisten Eltern geht das ausschließliche Interesse an den Befindlichkeiten oder Entwicklungsneuigkeiten ihres Kindes sehr bald selbst auf den Keks und sie fragen sich, ob sie eigentlich auch noch was anderes außer Mami oder Papi sind.

Wie steht es um Ihre Toleranz, wenn Andere anders sind als Sie?

Was ist, wenn Sie kontaktfreudig sind und Ihr Kind ist scheu?

Wie gehen Sie damit um, wenn Sie risikofreudig sind und Ihr Kind ist ängstlich?

Sie sind schlank und Ihr Kind ist pummelig. Ist das okay?

Erziehung ist, die Persönlichkeit des Kindes zu begleiten, zu lenken und zu leiten, aber ganz sicher nicht, zu biegen und schon gar nicht zu brechen, so wie wir es haben wollen.

Wie steht es um Ihre Toleranz?

Und ein Tipp noch, bevor wir im Leben mit Kind ankommen:

Bewahren Sie sich immer ein Stück Eigenes, was Sie ganz für sich alleine haben.

Freundinnen, Hobbys, ein Plätzchen in der gemeinsamen Wohnung.

Egal ob mit Kind oder ohne.

Paar zu sein bedeutet nicht, alles und jedes gemeinsam zu tun.

Paar zu sein bedeutet auch nicht, dies oder jenes wegzulassen, was der andere nicht mag, bis nichts mehr von Ihrer Individualität übrig bleibt.

Eifersucht ist auch immer wieder ein Grund, Dinge nicht zu tun, die man gerne tun würde.

Ob es die durchtanzte Nacht ist oder die Weihnachtsfeier mit Kollegen. Das eng anliegende Sommerkleid oder das Wellnesswochenende mit der besten Freundin.

Es sind diese tausend schönen Dinge, die in einem Klima von Eifersucht wegschmelzen, zum Tabu werden.

Kompromisse sind gut und wichtig.

Toleranz aber nicht weniger.

Keiner möchte in seinem Leben plötzlich feststellen, dass sie/er das Leben nach den Vorstellungen des anderen gelebt hat.

Der Preis ist zu hoch.

Und wovor sollen Sie Angst haben?

Vor dem Verlust des anderen ?

Warum ?

Sie haben sich entschieden und es gibt keinen Grund, dieser Entscheidung zu misstrauen.

Sie können noch so viele Versprechen und Schwüre des anderen einsammeln, es gibt keine Sicherheit.

Das Leben will gelebt werden.

Natürlich ist die Liebe am schönsten in Abwesenheit von Schmerz.

Und doch wissen wir, wo Licht ist ist auch Dunkel und in jedem Paradies sitzt auch eine Schlange.

Jedes Paar, das sich auf den langen Weg einer gemeinsamen Zukunft macht wird auch tiefe Täler des Schmerzes durchleben müssen.

Und manchmal geht es auch nur darum den anderen zu ertragen.

Liebe will, dass wir beides akzeptieren. Die Glückseligkeit und den Kummer.

Die Glückseligkeit des Augenblicks von Schwangerschaft und Geburt ist das, was wir als Polster in unser kleines Familiennest mitnehmen dürfen. Doch jede Faser dieses Polsters wird im Laufe der nächsten Jahre durch Schmerz und Krisen geschüttelt.

Beziehung ist harte Arbeit.

Mit und ohne Kind.

Eigene Notizen und Gedanken

9. Kapitel

DIE SCHWANGERSCHAFT

Beschäftigen wir uns nun mit dem ersten konkreten Stadium, auf dem Weg zu einem Leben mit Kind.

Bei allem was nun folgen wird, vergessen Sie bitte nie, dass ich Ihnen ein Kind nicht ausreden möchte.

Ich möchte Ihren Entscheidungsprozess mit Details bereichern, die Sie nicht wissen können.

Selbst die, die in Ihrem Umfeld Kinder haben, werden bestimmte Dinge nicht sagen, denn sie sind über das Stadium der Entscheidungsfindung hinaus.

Eine Schwangerschaft macht eine Frau stolz und glücklich, denn sie weiß nun, dass das Wunder von Ei- und Samenvereinigung funktioniert hat.

Ich war die gesamte Zeit der Schwangerschaft immer wieder verblüfft, dass dieses Leben in mir heranwächst.

Ihr Glück teilen Sie mit dem werdenden Vater und Sie beginnen sich auf eine ganz neue Art wahrzunehmen.

Sie sind jetzt werdende Eltern.

Ganz neue Erfahrungen kommen auf Sie zu.

Als schwangere Frau erleben Sie ein wohltuendes Klima von Rücksichtnahme und Aufmerksamkeit Ihres Umfeldes.

Ihr Familien- und Freundeskreis freut sich mit Ihnen und es dauert nicht lange und Sie werden mit gut gemeinten Ratschlägen überschüttet.

Jeder will Ihnen seine Erfahrungen mit auf den Weg geben, meint es gut.

Dies kann zu erheblichen Verunsicherungen führen, denn die Palette dessen, was so gut für Sie sein soll, reicht bis zum Mond und zurück.

Stellen Sie sich das vor und stellen Sie sich die Frage, ob Sie eine Frau sind, die viel Klarheit in sich hat, weiß was ihr gut tut und was nicht und sich auf ihr inneres Gefühl verlässt.

Sollte das nicht der Fall sein, dann werden Sie zwischen gut gemeinten Ratschlägen und Tipps aller Art hin und her geschleudert, Unsicherheit bricht sich Bahnen.

Hier eine kleine Auswahl von Themen, die sich in der Vielfalt der Meinungen gnadenlos gegenüberstehen.

Ernährung, Sport, Sex, Geburtsvorbereitung, Wahl des Gynäkologen und der Hebamme, Klinik oder Entbindung zu Hause....

Das Beste, was Ihnen passieren kann ist ein stabiles inneres Gefühl und die gleiche Sicht auf die Themen mit Ihrem Partner.

Das gibt Ihnen sicheren Boden.

Seien Sie immer im Gespräch miteinander.

Kommen wir zur formalen Seite der Schwangerschaft.

Da ist zunächst Ihr Nest, Ihr Zuhause.

Ist es geeignet für eine Familie?

Haben Sie genug Platz, leben Sie in einer Umgebung in der die Bedingungen kindgerecht sind?

Fühlen Sie sich dort, wo Sie leben, auf Dauer wohl?

Ich schreibe bewusst „auf Dauer" und erkläre Ihnen warum.

In unserer sich sehr schnell verändernden Welt gibt es zwei Komponenten, die Kindern Sicherheit und Vertrauen geben.

Uns Erwachsenen im Übrigen, nicht weniger.

Dies sind zum einen stabile dauerhafte Bezugspersonen und zum anderen eine uns vertraute Umgebung.

Also, in unserem Fall: Sie als Eltern und Ihr Zuhause.

Ich erzähle Ihnen dazu eine Geschichte.

Als unsere Kinder acht Jahre alt waren, dachten wir über einen Umzug nach.

Unsere Kinder hatten ein gemeinsames Kinderzimmer und es erschien uns besser, dass jeder ein Zimmer bekam, denn sie waren sehr unterschiedlich in ihren Interessen.

Es war eine Wohnung um die Ecke.

Es war vollkommen ausgeschlossen für unsere Kinder, aus unserer Wohnung auszuziehen. Ein eigenes Zimmer war ihnen egal. Wir blieben.

Ich kann mich auch noch daran erinnern, als ich mit zwölf Jahren umziehen musste. Ich fand es schrecklich und noch heute sind die Orte meiner ersten zwölf Lebensjahre die wichtigsten und die vertrautesten meiner Kindheit.

Mir ist klar, dass Sie nicht für 10 bis 20 Jahre im Voraus planen können, ob Sie dort, wo Sie Ihre Geschichte als Familie beginnen, auch bleiben werden.

Doch versuchen Sie Ihre Wohnsituation für sich selbst anzuschauen und spüren Sie nach, ob sich die Vorstellung, dort auf lange Zeit zu leben, gut anfühlt.

Und bedenken Sie:

Umso kleiner Ihr Kind ist, desto stressiger ist es für Sie als Eltern.

Sie müssen dann Job, Kind, Haushalt, Umzug bewältigen.

Umso älter Ihr Kind wird, desto stressiger wird es für Ihr Kind.

Alles Vertraute bricht ein, Kinderfreundschaften brechen ab.

Beziehungsabbrüche tun weh.

Jeder Ortswechsel führt zunächst zu Verunsicherung, weil alles fremd ist und es dauert lange, bis uns Ort und Umgebung wirklich vertraut sind.

Die zweite Formalie in der Schwangerschaft ist der Papierkram.

Ich sage Ihnen ganz ehrlich, ich hasse jede Form von Papierkram, diesen organisatorischen Alltagstiger.

Hat man ihn nur für sich alleine zu bewältigen, geht es gerade noch so, aber was nun auf Sie wartet, ist Horror.

Der Mutterpass ist harmlos.

Doch ob Arbeitgeber, Krankenkasse, Elterngeld, Steuerklasse, Kinderbetreuung..... es hört nie mehr auf.

Anträge, Vordrucke, Bescheinigungen.

Ich kenne Frauen, die durchaus Berufe haben, in denen sie sich ausgiebigst mit Papierkram befassen. Doch selbst sie bezeichnen es als Zumutung.

In unserem Land wird zwar gerne so getan, als ob gerade die Familiengründung gefördert wird und Familien mit Kind besonderen Schutz genießen, aber lassen Sie sich davon nicht täuschen.

Die Familienpolitik ist nicht selbstlos, sie unterliegt einer einfachen Kosten – Nutzen – Analyse und die heißt: Langfristig ist der Profit aus jedem Kind höher als die Kosten.

Doch egal welche Hochglanzbroschüre Ihnen in die Hände fällt, die Ihnen etwas von Unterstützung und Förderung vorsäuselt, alles ist mit sehr hohen Hürden versehen.

Ein Geheimnis der Familienpolitik ist auch, dass häufig gerade Ihr Familienmodell und Ihre Einkommenssituation nicht in die Förder- oder Entlastungsmaßnahmen passen.

Dieser Staat tut inzwischen alles, um die Ausgabe jeden Euros zu vermeiden und spekuliert darauf, dass es Ihnen zu nervig und stressig ist, Ihr Recht zu bekommen.

Es spielt auch keine Rolle, dass es angeblich 156 familienunterstützende finanzielle Maßnahmen gibt. Die Trefferquote bleibt gering.

Mit dem Grundprinzip, Anträge auf egal was erst einmal abzulehnen und darauf zu hoffen, dass uns ein Widerspruch zu mühselig ist, hat die Pflegeversicherung vor fast 20 Jahren begonnen und heute gilt dieses Prinzip in allen Behörden.

Glauben Sie nicht, dass bei einem so schönen Thema wie der Familiengründung die Dinge anders liegen.

Es ist sicherlich ein Randthema, wenn Sie sich mit der Frage Ihres Kinderwunsches auseinandersetzen, doch Sie sollten die formale und finanzielle Seite nicht unterschätzen.

Themenwechsel.

Die Angst vor der Geburt und den Schmerzen.

Es gibt Frauen, die sich gegen ein Kind entscheiden, weil sie Angst vor den Schmerzen der Geburt haben.

Das ist ein Standpunkt, doch Sie würden dieses Büchlein nicht in den Händen halten, wenn dieser Aspekt sehr mächtig in Ihnen wäre.

Jede Frau hat auch vor einer Schwangerschaft schon mal Schmerzen erlebt und weiß, wie sie damit umgegangen ist.

Die Schmerzen der Wehen während des Geburtsvorganges sind z.b. vergleichbar mit Blähungen.

Zugegeben ziemlich starke Blähungen und ich sage auch nicht, dass eine Geburt ein Spaziergang ist.

Viele Frauen entscheiden sich für einen Kaiserschnitt, um die Geburt zu umgehen.

Das ist möglich, wenn auch mit Risiken verbunden, denn jeder Kaiserschnitt kann auch heute noch zu Komplikationen führen.

Es ist eine Risikoabwägung.

Wir wissen nicht, ob auf Sie eine Schwangerschaft mit unangenehmen Begleiterscheinungen und eine leichte Geburt warten würde oder umgekehrt.

Ich denke, es wäre schade, wenn die Schmerzen der einzige Grund wären, warum Sie sich gegen ein Kind entscheiden.

Auch Sie dürfen sich zutrauen, dass Sie diese Stunden bewältigen.

Sie können darauf vertrauen, dass Ihnen Menschen zur Seite stehen, die Ihnen, so gut es geht, die Vermeidung von Schmerzen ermöglichen.

Dieses Thema muss kein Grund sein, sich gegen ein Leben mit Kind zu entscheiden.

Doch wenn Sie insgesamt gesundheitlich sehr anfällig sind, häufig krank und erschöpft sind, dann sollten sie bedenken, dass eine Schwangerschaft viel von Ihrem Körper fordert und erst recht das Leben mit Kind danach.

Themenwechsel.

Wir Frauen sind durchaus eine Spezies, die in Konkurrenz zueinander steht.

So auch Mütter und Töchter.

Sind unsere Mütter zunächst unsere Vorbilder und engsten Bezugspersonen, werden sie später zu Konkurrentinnen.

Sind wir Töchter dann schwanger, haben unsere Mütter uns alle Erfahrungen voraus.

Das kann von Vorteil sein, wenn wir sie ganz allgemein als Ratgeberin schätzen.

Wird aber zum Nervenspiel, wenn wir den Rat nicht wollen.

Da kommt Spannung auf, denn Sie wollen als erwachsene Frau behandelt werden und nicht als Tochter, die noch nicht weiß, wie das Leben geht.

Es kommt sehr auf die Art an, wie Ihnen Erfahrungen der zukünftigen Großmutter vermittelt werden und auch hier ist wieder Ihr klares Wort gefragt, was Sie hören möchten und was nicht.

Klar ist, dass auch dieses Verhältnis in eine neue Dimension eintritt.

Ich habe zum Beispiel sehr genau gewusst, dass die Vorstellungen meiner Mutter stark von meinen eigenen abweichen.

Wir hatten sonst ein sehr gutes Verhältnis, konnten über vieles reden. Doch mit der Geburt meiner Kinder habe ich mich mit ihr darauf verständigt, dass wir das Thema Kindererziehung in unseren Gesprächen aussparen.

Unser Verhältnis hätte sonst jede Heiterkeit verloren.

Es ist auch ein Generationenthema, denn alle Themen rund um das Kind und Eltern sein haben sich auch in einem rasanten Tempo verändert.

Ob zum Besseren sei noch dahin gestellt, aber heute ist vieles anders als vor 30 Jahren.

In Konkurrenz zu gehen kann zu überhitzten Reaktionen führen und der Preis ist zu hoch, denn es geht nicht nur um Ihr Mutter-Tochter-Verhältnis sondern nun auch um die Großmutter Ihres Kindes.

Auch hier sind Sie das erste Vorbild für Ihr Kind, wie unbeschwert die Familienbande gepflegt werden. Es geht eben nicht mehr nur um Sie.

Im Übrigen sind Großeltern, auch heute noch, so ziemlich das Wunderbarste, was einem Kind passieren kann. Sie sind so herrlich gelassen, wollen einfach nur ihr Enkelkind genießen und haben nicht mehr den Druck, immer nur das Richtige zu tun.

Dann sind Sie mit der Schwangerschaft eine Anwärterin für den Club der weltbesten Mütter.

Ein neues Konkurrenzfeld ist geboren.

Ob Freundinnen, Kolleginnen, Bekannte, Fremde.

Alle Frauen erscheinen Ihnen in einem neuen Licht und auch Sie werden anders wahrgenommen.

Jede Frau erlebt die Schwangerschaft auf ihre Weise.

Die einen finden sich hässlich, die anderen finden sich schön. Die einen erleben die Schwangerschaft wie eine Krankheit, die anderen genießen die Zeit. Die einen hören Klassikmusik in dem Glauben, das Kind im Bauch könne dies hören, die anderen finden dies befremdlich. Diese Liste ließe sich beliebig fortsetzen.

Ich war zu Beginn meiner Schwangerschaft überglücklich, dass zwei beste Freundinnen von mir fast zeitgleich auch schwanger waren.

Wir traten gemeinsam in den neuen Lebensabschnitt ein.

Doch auch hier ist zu beachten:

Sind wir als Frauen die besten Freundinnen, passen wir nicht automatisch auch als Mütter zusammen.

Im Grunde gilt hier die gleiche Regel, wie bei unseren Müttern.

Ist es nicht kompatibel, lassen Sie es außen vor. Sie können beste Freundinnen bleiben und müssen Ihr Verhältnis nicht mit Kinderkram strapazieren.

Im Gegenteil, ist es sehr wertvoll, auch Kontakte zu haben, in denen das Thema Kind keine Rolle spielt. Es tut gut.

Themenwechsel

Ja und dann ist da noch das Thema „Heiraten".

Mit dem Heiraten ist das so eine Sache.

Mir hat sich der Sinn des Heiratens nie wirklich erschlossen.

Wenn ich meinen Partner liebe, mit ihm eine Familie gründe und glaube, bis dass der Tod uns scheidet mit ihm zu leben, dann ist das meine, seine und vor allem unsere Entscheidung und das JE-DEN TAG.

Das Gefühl von Bindung zueinander und Verant-wortung füreinander hat rein gar nichts mit dieser Urkunde des Standesamtes zu tun.

Eine dauerhaft stabile Beziehung ist harte Arbeit miteinander, nämlich

- im Gespräch zu sein und immer wieder zu reflek-tieren, ob alles noch so läuft,

  dass es sich gut anfühlt

- Krisen gemeinsam auszuhalten und Auseinan-dersetzungen zu führen, ohne das

  Fundament von Liebe zu beschädigen

- das Ausbalancieren von lästigem Alltagskram und Freude bringenden

  Erlebnissen

- sich gegenseitig mit Achtung und Aufmerksam-keit zu begegnen und sich nicht

  an den Marotten des anderen festzubeißen und sie ausmerzen zu wollen

- immer wieder für eine Überraschung gut zu sein

Das ist alles andere als leichte Kost!

Doch die Stärke und den Willen aufzubringen, durch die Berg- und Talfahrt einer Partnerschaft hindurchzugehen, wird eben nicht durch eine Heirat erleichtert.

Jede langjährige Beziehung hat ihre Verschleißerscheinungen. Keine Frage.

Menschen verändern sich oder zeigen Eigenschaften, die uns am Anfang gar nicht aufgefallen sind, nicht erkennbar waren.

Dieses austarieren, sich nicht aus den Augen zu verlieren, zu verzweifeln oder in Resignation zu verfallen, ist ein ständiger Prozess im Miteinander und anstrengend.

Gefahren lauern überall, denn sich Neuem hinzuwenden, dem Zauber des Neuen zu erliegen, ist verführerisch. Nur Ihr ganz eigener Wille, zu Ihrer Entscheidung für den anderen zu stehen, bewahrt Sie vor einer Trennung und nicht die Urkunde des Standesamtes.

An dieser Stelle möchte ich Ihnen eine Geschichte aus meinem Leben erzählen.

Unsere Zwillinge besuchten die 4. Klasse, waren 10 Jahre alt.

Am Abend saß eines unserer Kinder auf dem Klo und ich auf dem Badewannenrand. Sie mochten Gesellschaft bei diesen langweiligen Klositzungen.

Wir plauderten über die Ereignisse des ausklingenden Tages.

Plötzlich fragte mein Sohn, warum wir nicht heiraten würden?

Das war bis hier her nie ein Thema gewesen und ich war ganz verblüfft.

Ich fragte ihn, ob er es gerne wolle und er sagte ja.

Ich fragte ihn, warum und er entgegnete, es wäre ihm sicherer.

Daraufhin erklärte ich ihm kindgerecht das, was ich in diesem Kapitel schon ausgeführt habe.

Er verstand und war beruhigt.

Einige Zeit später hatten wir einen Elternabend in der Schule.

Die Lehrerin erzählte uns, dass es im Moment sehr unruhig in der Klasse sei, dass einige Kinder sehr traurig seien, weil sich die Eltern getrennt hätten. Viele Gespräche und Fragen drehten sich um dieses Thema bei den Kindern.

In diesem Moment verstand ich die Frage von meinem Sohn.

Bei der Abiturverleihung des gleichen Sohnes acht Jahre später, waren von 80 Elternpaaren noch ZWEI Paare die Ursprungseltern und die allermeisten zu Beginn ihrer Elternzeit verheiratet.

In unserer Gesellschaft gibt es viele Dinge, die macht man eben so.

Wir nehmen sie als willkommene Orientierung wie wir Männer und Frauen unsere Lebenszeit gestalten.

Schließlich feiern wir auch gerne Ostern, Weihnachten und Geburtstage.

Warum also nicht ein schönes Hochzeitsfest?

Ich will Ihnen das nicht ausreden, doch ich halte viel davon, sich die Freiheit der eigenen Entscheidung zu bewahren, jeden Tag.

Die Idee der Ehe stammt im Ursprung von der Kirche.

Der Begriff Ehe leitet sich vom altdeutschen Wort „ewa" ab und meint >ewig geltendes Gesetz<. Der Begriff „aevum" meint >die Ewigkeit<..

Dies war zunächst ausschließlich für Menschen gedacht, die in den Dienst der Kirche eintraten, also die Ehe mit Gott eingingen.

Im Jahre 1225 erklärte die Kirche die Ehe zur Pflicht für jede Hausgemeinschaft und verbot nichteheliche Lebensgemeinschaften, ja stellte diese unter Strafe.

Ab dem Jahre 1792, im Zuge der französischen Revolution, wurde die Ehe vom Staat abgesegnet und die kirchliche Trauung war erst danach möglich. Die Frau sollte materiell abgesichert sein und Nachkommen garantieren. Das war die Idee, die Nachkommenschaft zu sichern.

Der Begriff Heirat stammt vom germanischen Wort „Hiwa" ab und meint >Hausgemeinschaft<.

Im Jahre 1848 wurde das Modell aus Frankreich im Deutschen Reich eingeführt.

Im Jahre 1876 wurde das Reichsgesetz über die >Beurkundung des Personenstandes und der Eheschließung< verabschiedet.

Der Beruf des Standesbeamten war geboren.

Bis in die 1960ziger Jahre war die Frau per Gesetz für Heim und Kinder zuständig und eine ungenügende Haushaltsführung galt als Scheidungsgrund.

Soviel zur Geschichte der Ehe und der Heirat.

Nun haben sich in den letzten 50 Jahren, sowohl die Menschen als auch die Gesetze verändert.

Doch wenn ich mir den Ursprung der Ehe ansehe, dann muss ich mich doch fragen, was das mit mir zu tun hat und ob die Institution Ehe tatsächlich Einfluss auf die Standhaftigkeit und Ernsthaftigkeit meiner Entscheidung für den Partner hat?

Die konservative Politik redet gerne von der Ehe als „ Verantwortungs-gemeinschaft ", doch jedes andere Modell von Partnerschaft, das sich für eine

Familiengründung ohne Trauschein entscheidet, ist nicht weniger eine Verantwortungsgemeinschaft.

Das einzig Doofe ist, dass es nach wie vor keine adäquate Bezeichnung für den nichtehelichen Partner gibt.

Mein Freund: Trifft es nicht

Mein Lebensgefährte: Klingt verstaubt

Mein Partner: Kann auch einen Kollegen meinen

Der Vater meines Kindes: Sagt nix über Ihre Partnerschaft

Alles murks.

Aber ist DAS ein Grund zu heiraten?

Treffen Sie Ihre Entscheidung.

Die Ausführungen zum Thema Ehe und Heirat sind Wikipedia entnommen

Eigene Notizen und Gedanken

10. Kapitel

ES GEHT LOS; DAS LEBEN MIT KIND

In jeder Geburt wiederholt sich die Schöpfung der Welt. Ein Wunder.

Bis hierher haben Sie ihre ganze Lebens- und Alltagsplanung nur für sich alleine gestaltet.

Ob Kinobesuch oder Steuererklärung, Elternbesuch oder Cafe, Einkaufsbummel oder Bügeln.

Es war Ihre Entscheidung und gut.

Ab jetzt sind die Dinge vollkommen anders.

Ihr Kind gibt jetzt den Takt an.

Ihre Schlaf – und Wachzeiten richten sich nach dem Kind.

Ihr Unterwegssein oder Zuhausesein, richtet sich nach dem Kind.

Ob Sie mit Freunden, Bekannten oder Familie bei gegenseitigen Besuchen ungestörte Gespräche führen können oder keinen vollständigen Satz zu Ende bringen, richtet sich nach dem Kind.

Und wenn Sie glauben, so etwas wie einen Rhythmus bei Ihrem Kind erkannt zu haben, nach dem

Sie ihre Tagesplanung ausrichten können, dann kommt ein Schnupfen, Fieber oder Zahnen daher, was den ganzen schönen Rhythmus und Ihre Planung zunichte macht.

In den ersten Jahren werden Sie keine Sicherheit mehr haben, ob Ihre Tage so verlaufen, wie Sie sie geplant haben.

In den ersten Monaten begleitet Sie vor allem die gute alte Tante Spontanität, wobei Ihr Dilemma ist, dass auch jemand zu Ihrer Spontanität passen muss.

Spontane Verabredungen macht die Handygeneration eigentlich gerne, doch ob jemand aus Ihrer Familie oder Freundinnen auch mal gerade spontan Zeit haben, steht auf einem ganz anderen Blatt.

Dann gibt es vielleicht noch die anderen frischen Mütter, die Sie im Laufe der Schwangerschaft bei der Schwangerschaftsgymnastik oder dem Wickelkurs kennen gelernt haben, aber ob deren Babyrhythmus gerade zu Ihrem passt, wer weiß das schon.

Also entscheiden Sie Tag für Tag, wann Sie was mit ihrem Kind machen. Ob Spazieren gehen, Kochen, waschen, putzen, lesen, telefonieren, Kind wickeln, füttern, baden, bespaßen.....alles passiert aus der Situation heraus.

Sie sind viel alleine mit Ihrem Kind, Ihr ganzer Tagesverlauf richtet sich nach dem Kind, es ist immer was zu tun und doch schleicht sich am Ende des Tages die unbestimmte Frage ein, was heute eigentlich alles war.

Natürlich gibt es so fabelhafte Angebote wie Babyschwimmen oder alle Varianten der Mutter-Kind-Gruppen.

Aber ob das gerade gut passt oder an dem Tag zu der Zeit voll die Tiefschlafphase Ihres Kindes erwischt und Sie das Baby nicht aus der Wiege zotteln wollen, steht auf einem anderen Blatt.

Das kann jederzeit jedes Vorhaben in Frage stellen.

Bis tatsächlich so etwas wie ein stabiler Rhythmus erkennbar wird, vergehen Monate, denn alleine der Schlaf -und Wachrhythmus Ihres Kindes verändert sich ständig.

Sie leben jetzt in einer permanenten Unordnung.

Damit meine ich nicht, dass überall Krempel rumliegt, das auch, aber die Unordnung, die ich meine, ist eine gefühlte und entsteht durch Ihr Kind, dem diese Welt noch fremd ist und nichts weiß davon, dass die Nacht zum Schlafen da ist und der Tag zum Gucken, Staunen, Glucksen.

Das mit dem Rhythmus im Alltag ist ja nun so ein merkwürdiges Ding.

Einerseits lieben wir ihn.

Aufstehen, Zähne putzen, Kaffee trinken, Zeitung lesen, arbeiten, einkaufen, Abendbrot, Nachrichten gucken, Kultur, Freunde treffen und ein gutes Glas Wein trinken.

Andererseits hassen wir ihn.

Wir wollen keine Spießer sein, wollen herausragen aus der Masse, besonders sein:

Wir wollen Geschichten erzählen können, die nicht jeder erzählen kann.

Jeder Tag soll ein neues Abenteuer des Lebens sein.

Das können Sie sich mit einem Kind abschminken.

Da passiert nichts Spektakuläres.

Gut, es gibt die Variante Eltern, die mit ihrem 6 Wochen alten Säugling nach Indien fliegen und durchs Land trampen. Kann man so machen, nichts dagegen.

Schließlich soll uns unser Nachwuchs nicht daran hindern, unsere Träume zu verwirklichen. Und welches Kind kann später schon erzählen, dass es mit sechs Wochen in Indien war?

Den spießigen Alltag können Sie auf diese Art hinauszögern, entkommen werden Sie ihm nicht.

Denn diesen Rhythmus, die Rituale des Alltags, die Sie Stück für Stück entwickeln müssen, braucht Ihr Kind, um Vertrauen in das Leben und die Menschen aufzubauen.

Mit diesem stabilen, sicheren Fundament kann es dann später in die weite Welt hinaustreten.

Im Grunde ist die Gleichung ganz einfach:

Mit der Geburt Ihres Kindes stehen Sie still, damit sich Ihr Kind entwickeln kann.

Wissen Sie, ein Kind groß zu ziehen ist eine wunderbare Erfahrung.

Meistens.

Es gibt Momente, die sind zum weinen schön.

Es gibt Momente, da weinen Sie aus Verzweiflung.

Ein Kind bereichert Ihr Leben und stellt Sie immer wieder vor neue Herausforderungen.

Doch vor allem tut es eins.

Es bestimmt Ihr Leben von der ersten Stunde mit der Geburt.

„Bestimmen" meint, dass alles, wirklich alles was Sie und Ihr Partner sonst noch vom Leben wollen, absolut in den Hintergrund tritt.

Sie werden jetzt denken: Halt Stopp – ist das nicht übertrieben?

Kann ich nicht beruflich und privat all das, was ich noch tun möchte, auch trotz Kind verwirklichen?

Sie können.

Dieses Ego ausleben und alles, was Sie sich wünschen umzusetzen, ohne Rücksicht auf Ihr Kind.

Das geht.

Wird auch in unzähligen Varianten gelebt.

Ich kenne viele solcher ehemaligen Kinder.

Sie sollten sie mal reden hören, diese ehemaligen Kinder.

Es hört sich gruselig an und es tut weh, diese großen Kinder zu erleben, die nicht wissen, was Liebe, Geborgenheit und Vertrauen ins Leben ist.

Sie fragen:

Worauf hast du für mich verzichtet?

Hast du mich gefragt, was ich möchte?

Hast du mich gefragt, wie es mir mit deinen Entscheidungen ergangen ist?

Du hast mir so oft etwas versprochen und nicht gehalten.

Wenn es mir nicht gut ging, hast du es nicht einmal bemerkt.

Ich hätte deine Hilfe gebraucht, aber du warst nicht da.

Für den Egoismus unserer Zeit ist auch ursächlich, dass Kinder sich dem Egoismus ihrer Eltern unterordnen mussten.

Sind diese Kinder dann erwachsen, können sie nur sich und ihre Bedürfnisbefriedigung sehen.

Soziale Kompetenz wie Einfühlungsvermögen, Rücksichtnahme, jemand anderem zuliebe etwas zu tun, eigene Wünsche zurückzustellen, all diese so wichtigen Dinge für ein liebevolles Miteinander wurde diesen erwachsenen Kindern nicht vorgelebt.

Sie mussten von klein auf die zweite Geige spielen, sich anpassen, waren nicht so wichtig. Was ungeteilte Aufmerksamkeit ist, wissen sie nicht.

Was eine behütete Kindheit ist, wissen sie nicht.

Ich habe an anderer Stelle schon erwähnt, dass Eltern viel dürfen und ihre Kinder ihnen vieles verzeihen, ja sogar als Erwachsene ihre Eltern in Schutz nehmen, obwohl sie genau wissen, dass sie Mist gebaut haben, denn sie werden immer und immer weiter versuchen, diese Liebe und Aufmerksamkeit doch noch zu bekommen.

Doch diese Kinder sollten sich nicht dafür entscheiden, selbst Kinder in die Welt zu setzen, denn sie können nicht geben, was sie nicht bekommen haben.

Sie machen sich unglücklich.

Ich wünsche Ihnen, dass Sie nicht zu diesen ehemaligen Kindern gehören, die heute vor ihrer Entscheidung stehen.

Überlegen Sie genau, ob Sie zu den Menschen gehören, die dieses Fundament der Liebe in sich tragen und bereit sind, auf lange Zeit auf vieles zu verzichten.

Wer stark auf sich selbst fokussiert ist, kann nicht großzügig Liebe, Zuwendung und Aufmerksamkeit verschenken.

Für den Moment schon, aber auf keinen Fall über viele, viele Jahre.

Ein Kind zu haben heißt allerdings auch nicht, nur Verzicht auf das eigene Leben üben zu müssen.

Doch nun kommt ein Aspekt hinzu, den es so in Ihrem Leben bisher nicht gab.

Es ist der Spagat.

Es ist der Spagat zwischen Kind, Beruf, Partnerschaft, Freundeskreis, Hobbys und allem, was es sonst noch gibt.

Ihr Kind hat die oberste Priorität und alles andere passiert darum herum.

Gehen wir mal davon aus, dass Sie vor der Geburt Ihres Kindes berufstätig sind.

Sie gehen einer bezahlten Tätigkeit nach, bekommen Anerkennung, sind engagiert, haben Kolleginnen und wissen am Ende des Tages, was Sie geleistet haben.

Soweit so gut.

Doch mit dem Kind machen Sie einen Job, der im Verborgenen stattfindet und nichts Spektakuläres zu bieten hat.

Sie kennen das vielleicht, wenn Sie auf einer Party eine Frau kennenlernen. Zügig steht die Frage im Raum:" Was machen Sie beruflich?"

Wenn dann die Antwort „Hausfrau und Mutter" kommt, ist die Folgefrage schon vorprogrammiert: "Und das reicht ihnen?"

Das kann nur jemand fragen, der den Job nicht kennt.

Oder eben genau weiß, dass dieses Hausfrau- und Mutterdasein vollkommen unspektakulär ist.

Und es reicht eben eigentlich nicht.

Aber Ihrem Kind zuliebe sind Sie Tag und Nacht für Ihr Kind da und verzichten auf das bunte Leben da draußen.

Nach den ersten Wochen der Euphorie über den neuen Erdenbürger entsteht sehr bald eine eigenartige Form der Stille.

Für Sie fühlt sich die Situation immer noch neu, ungewohnt und besonders an. Doch für alle anderen gehören Sie schnell zu der großen Gruppe „Mutter mit Kind".

Als Hausfrau und Mutter werden Sie unsichtbar, platzieren sich sozusagen im Grundgebirge der Gesellschaft.

Die, die keine Kinder haben, interessieren sich nicht sonderlich für Ihre Alltagshöhepunkte und was haben Sie auch schon anzubieten?

Füttern, Wickeln, Baden, Kind schaukeln.

Und weiter ?

Dass es für Sie auch nicht immer so prima ist, wie das jetzt so läuft, wer will das hören?

Sie wollten es doch so.

Und die, die schon ein Kind großgezogen haben oder Ihnen schon ein paar Jahre voraus sind, gucken Sie mit großen wissenden Augen an und fragen, was Sie sich denn vorgestellt haben?

Im besten Fall bekommen Sie so eine Art Mitleid von diesen Wissenden, aber immer garniert mit diesem hübschen Satz „da musst du jetzt durch".

Was ist Schadenfreude?

Auf einer bösen Ebene im Bewusstsein zu jubeln.

Ja und dann haben wir ja noch den Papa zum Kind.

Er ist jeden Tag Ihr Lichtblick, denn er will immer wissen, was alles so los war an Ihrem langen Tag mit dem Kind.

Und wenn es ein anstrengender Tag für Sie war, dann wollen Sie ihm das Kind in den Arm drücken und Ihre Ruhe haben.

Das funktioniert am Anfang sogar noch.

Aber dann.

Spielen wir folgende Szene durch, die sich millionenfach so zuträgt.

Ihr Mann kommt aus dem rauen, harten Arbeitstag nach Hause.

Er braucht Ruhe, will seinen Ärger über den Chef und Kollegen loswerden und was Nettes zu essen.

Er braucht Aufmerksamkeit und Verständnis.

Lassen wir ihn erschöpft die Füße hochlegen und da Sie auch erschöpft sind, legen Sie ihm sein quengliges gepudert und gecremtes Baby in den Arm und sagen, Sie gehen jetzt mal spazieren, um sich ein bisschen zu erholen.

Ein entsetzter leerer Blick trifft sie und es kommt der Spruch, den alle Frauen seit Generationen lieben:

„Verstehe ich nicht, du bist doch den ganzen Tag zu Hause!"

An dieser Stelle passiert etwas Fatales.

Es wird suggeriert: Bist du den ganzen Tag zu Hause, kann das gar nichts mit Stress zu tun haben.

Nur die, die da draußen in der abscheulichen Arbeitswelt herumtoben, haben ein Recht darauf, gestresst zu sein.

Und der bezahlte Stress ist mehr Wert, als der zu Stress zuhause. Schon immer.

So stehen sie sich nun gegenüber und eigentlich möchte jeder „nur" das Verständnis und die Rücksichtnahme des anderen.

Doch Ihre Reserven an Verständnis und Rücksicht sind gleich Null, denn das bringen Sie ja Tag und Nacht für Ihr Kind auf.

Und er?

Den ganzen Tag muss er versuchen zu verstehen, warum dieser oder jener Blödsinn auf der Arbeit passiert und rücksichtsvoll ausjonglieren, dass der Laden gut läuft und ein gutes Arbeitsklima herrscht.

Leistung bringen, Konkurrenz aushalten.

Nun kommt er nach Hause und da kann er doch erwarten, dass für ihn endlich mal Verständnis und Rücksichtnahme aufgebracht wird.

Also seine Reserven sind auch gleich Null.

Im besten Fall fängt ihr Kind an zu quengeln und lenkt damit die Aufmerksamkeit auf sich.

Sie sagen, ich geh jetzt mal um den Block, denn Sie wollen auch nicht zur Übermutter mutieren, die

die einzige ist, die weiß, was jetzt mit dem quengligen Bündel zu tun ist.

Er wird schon klar kommen und wenn nicht, dann hat er jetzt mal 20 Minuten Quengelprogramm, ist ja auch sein Kind.

Sie gehen also um den Block und es nagt an Ihnen.

Sie beruhigen sich, atmen tief durch, nehmen langsam Gerüche und Geräusche wahr, lehnen sich an einen Baum und er gibt Ihnen neue Energie, für das nächste Stück Leben.

Die besten Gedanken kommen im Gehen. Und noch die dunkelsten Gedanken können wir beim Gehen hinter uns lassen.

Was ist zu tun?

Zunächst einmal ist festzustellen, dass kaum ein Mann den Job zu Hause über Monate und Jahre gerne machen würde, gerade weil er so unspektakulär ist und wenig Anerkennung genießt.

In diesem Punkt mit großer Ehrlichkeit miteinander umzugehen ist ein Schlüssel zum Erfolg.

Denn getan werden muss er ja nun trotzdem, wenn der Nachwuchs da ist.

Die Tatsache, dass Sie bereit sind diesen Job zu Hause zu machen, muss somit mindestens in Ihrer Partnerschaft gebührende Anerkennung finden.

Damit stehen Sie sich wieder auf Augenhöhe gegenüber, denn beide Jobs, ob bezahlte Arbeit oder mit Kind zu Hause, sind gleich wichtig und gleich stressig.

Bleiben Sie im Verständnis füreinander und gehen Sie nicht in Konkurrenz zueinander.

Soweit so gut. Trotzdem bleibt das berechtigte Bedürfnis von Ihnen beiden auf eine Verschnaufpause.

Bauen Sie diese, in Absprache miteinander, in Ihren Alltag ein.

Kommt er nach Hause, hat er erst einmal 30 Minuten für sich, dann Sie.

Geht natürlich auch umgekehrt.

Sie werden es nach Ihrer Fasson absprechen.

Damit Sie nicht im 24-Stunden-Babyblues versinken und er nicht im Arbeits-

und Babystress verschlissen wird, sind auch für jeden von Ihnen freie Abende ein gutes Mittel aufzutanken.

Gönnen Sie sich gegenseitig einen freien Abend in einem Rhythmus, der zu Ihnen passt, den jeder nach seinen Wünschen außer Haus verbringen kann.

Was ich auch sehr empfehlen kann ist, einen Babysitter zu engagieren, damit sie gemeinsam den Abend außer Haus verbringen können.

Sie sind nämlich nicht nur Eltern, sondern auch Paar.

Meine Erfahrung hat mich gelehrt, dass wir uns eben nicht mal eben schön anziehen und zurecht machen, um uns an den Küchentisch zu setzen mit einem Glas Wein, um uns über die Dinge der großen weiten Welt zu unterhalten.

Das funktioniert nur außer Haus.

Auch unsere Partnerschaft braucht Pflege, denn wir sind eben nicht nur Eltern.

Dieser Spagat hält mindestens zehn Jahre und länger an.

Das Leben ist sehr komplex, unübersichtlich, ein einziges Durcheinander und sich als Paar nicht aus den Augen zu verlieren und gleichzeitig ein gutes Team als Eltern zu sein, ist ein Meisterstück.

Die Entwicklungsschritte im ersten Lebensjahr eines Kindes sind ein atemberaubendes Wunder, denn auf geheimnisvolle Weise, ohne dass es diesen kleinen Wesen jemand zeigt, lernen sie, sich zu drehen, zu sitzen, zu krabbeln und dann auf zwei Beinen im Leben zu stehen.

Das ist, von außen betrachtet, die ganz normale Entwicklung jedes Kindes, aber bei IHREM Kind fühlt es sich wie ein Wunder an und Sie dürfen dabei sein.

In dem Moment, in dem wir auf zwei Beinen stehen, fangen wir an, die Welt zu erobern.

So auch Ihr Kind.

Schon in der Krabbelzeit bekommen wir eine Ahnung davon, wie anders es zugeht, wenn sich Kleinkinder fortbewegen können und alles, wirklich alles, ihre Neugierde erweckt.

Das bedeutet für Sie, dass Sie alles in Reichweite Ihres Kindes wegräumen müssen. Einfach weg, egal wohin.

Wenn Kinder anfangen, die Welt kennenzulernen, dann gibt es keine Begrenzung, keine Ängste, keine Vorsicht.

Nur die pure, reine Neugierde.

Unser Job ist die Schadensbegrenzung, also zu begrenzen, dass sich Ihr Kind Schaden zufügt.

Mit einem ständigen NEIN hinter Ihrem Kind her zu sein, kostet unnötig viel Nerven und ein heulendes kleines Elend.

Es gibt so unendlich viele Neins in dieser Zeit.

Ersparen Sie sich und Ihrem Kind jedes davon, das Sie wegräumen können.

Ihre Wohnung wird zum Kinderparadies.

Die Einschränkung des Kindes auf das Kinderzimmer können Sie sich sparen. Ihr Kind lebt, genau wie Sie, in der ganzen Wohnung und möchte sich nicht beschränken lassen.

Sie wollen das ja auch nicht.

Mit dem Laufenlernen werden Sie ständig hinter Ihrem Kind her sein, um es zu begrenzen, vor Gefahren zu schützen und gleichzeitig wollen Sie seine Neugier nicht abwürgen.

Ein Balanceakt der viel Geduld, Nervenstärke und blitzschnelle Abwägungen erfordert und ein tagesfüllendes Programm ist.

Das Thema Eifersucht kommt in einer Familie mit Kleinkind auch noch einmal auf eine ganz neue Weise daher.

Da Ihr Kind sehr viel Aufmerksamkeit braucht, kommt es unweigerlich im Laufe der Jahre zu Situationen, in denen Sie sich entweder Ihrem Partner widmen können oder Ihrem Kind.

Ein Partner mit einer eifersüchtigen Struktur wird eben auch ein Kind, nach der ersten Euphorie, als Konkurrent um Ihre Aufmerksamkeit wahrnehmen.

Es gibt Menschen, die einfach nicht die zweite Geige spielen wollen oder können.

Warum das so ist, kann viele Gründe haben. Einige habe ich schon an anderer Stelle erläutert.

Es ist also Diplomatie gefragt.

Diplom kommt aus dem griech./lat. und meint „zweifach Gefaltetes".

Das sind Sie jetzt, etwas zweifach Gefaltetes, das klug und geschickt im Umgang mit Partner und Kind die Aufmerksamkeit verteilt und letztendlich vom Partner immer eher Verständnis erwarten muss, als vom Kind.

Er mault dann zwar auf seine so unwiderstehliche Art, aber das ist egal.

Es gibt viele Gründe zu maulen in einem Leben mit Kind.

Sex ist auch ein Thema, das viel Grund für Spannungen in der Partnerschaft bereithält. Der Wechsel von der Gutenachtgeschichte auf die Spielwiese des Liebesaktes, ist fast unmöglich.

Der Schalter im Kopf lässt sich nicht turbomäßig umlegen.

Und wenn Sie einmal erlebt haben, wie scheußlich es sich anfühlt, durch ein Gequängel des Kindes im Liebesakt unterbrochen zu werden, dann wissen Sie, was Lustkiller sind.

Bekommen Sie langsam eine Vorstellung davon, was für ein Tutti - Frutti - Leben auf Sie warten würde?

Sind diese großen Veränderungen das, was Sie für Ihr zukünftiges Leben mit Kind auf dem Schirm haben?

Eigene Notizen und Gedanken

11. Kapitel

KIND; BERUF; PARTNERSCHAFT

Ich bin mir im Klaren, dass ich ab diesem Kapitel Gefahr laufe, Sie zu überfrachten.

Sie stecken in dem Prozess vor Ihrer Entscheidung und ich erzähle Ihnen schon jetzt von einem Leben mit Kind in einem fortgesetzten Stadium.

Doch bis hierher gehört alles noch in die Anfangszeit, in der Sie auch von einer gewissen Euphorie getragen werden und der Zauber des Neuen noch wirksam sein kann.

Nun macht aber gerade die Dauer der alles verändernden Lebenssituation die Tragweite Ihrer Entscheidung aus. Es braucht einen langen Atem und eine sehr optimistische Grundeinstellung zum Leben, um überwiegend glücklich und erfolgreich durch alle Phasen des Familienlebens hindurch zu gehen.

Deshalb denke ich, wir müssen alles einmal durchspielen.

Es wäre nicht einmal die halbe Wahrheit, würde ich hier enden.

Machen wir weiter.

Haben Sie sich dafür entschieden, für ein Jahr oder länger „nur" zu Hause zu sein, so ist das von unschätzbarem Wert für Ihr Kind, egal wie unspektakulär diese Zeit für Sie ist.

Doch es ist eben auch wichtig, dass Sie ihr Auskommen haben, um nicht in weiteren Spiralen schlafloser Nächte mit finanziellen Sorgen zu enden.

Die wenigsten Familien können es sich heute leisten, von einem Einkommen auf Dauer zu leben.

Sie werden viel Zeit und Energie aufbringen müssen, das für Sie richtige Modell zu finden, mit dem Sie Beruf und Familie vereinbaren können.

Ein Modell, das zu Ihnen und Ihrem Kind passt.

Und wollen Sie dann noch zu Zeiten arbeiten, die nicht zwischen 8 und 18 Uhr liegen, so etwas wie Schichtarbeit oder 24-Stunden-Dienste, dann haben Sie ganz schlechte Karten etwas Passendes zu finden.

Umso exotischer das Modell ist, das Sie brauchen, desto mehr müssen Sie für private Betreuungsmodelle bezahlen, weil die öffentlichen und auch kirchlichen Angebote im Zeitfenster sehr unflexibel sind.

Im besten Falle haben Sie ein gutes soziales Netzwerk, das aus zuverlässigen Menschen besteht, die bei Engpässen oder ergänzend zu den Betreuungszeiten einspringen.

Wenn nicht, brauchen Sie Babysitter, Kinderfrau oder Aupair.

Dann taucht blitzschnell die Rechenaufgabe auf, wieviel Sie verdienen und wieviel Sie davon für die Kinderbetreuung bezahlen müssen. Was bleibt übrig?

Die Steuervergünstigungen für Kinderbetreuung können unter „ein Witz" verbucht werden.

Diesen Fragen wollen Sie sich eigentlich nicht widmen, denn es ist Ihnen eben auch ein Bedürfnis, sowohl Ihr Kind zu haben, als auch berufstätig zu sein.

Doch es ist ein Fakt, dass die Betreuungsangebote für berufstätige Eltern, unzureichend sind.

Leider gibt es bis heute kein wirklich gutes Modell, das den Familien die Vereinbarkeit von Beruf und Kind bedürfnisgerecht ermöglicht.

Es ist ein Kunststück, das passende, alltagstaugliche und für alle Beteiligten optimale Angebot, das auch Kontinuität garantiert, zu finden.

Bleiben wir weiter bei Ihnen.

Ob nach einem Jahr zu Hause mit Kind oder nach drei Jahren, spielt zunächst mal eine untergeordnete Rolle. Es geht im Kern um die Dosierung der Fremdbetreuung, wenn Sie wieder ins Berufsleben zurückkehren.

So spannend es auch für ein Kind sein mag, in Gesellschaft anderer Kindern zu sein, so anstrengend ist es auch.

Gruppendynamik, Kinderturnen, Frühenglisch oder was auch immer. Andererseits: „ Kind sein" bedeutet nicht nur Lernen und Leistung. Sie sind die Einzigen, die Ihr Kind vor diesen einseitigen Überfrachtungen bewahren können.

Freunde von mir haben vor kurzem gesagt, dass sie das Gefühl haben, nur noch an den Leistungskräften von morgen mit ihren Kindern zu arbeiten.

Förderpläne oder Entwicklungsberichte sind von klein auf heute Programm in den Kitas. Personalschlüssel und Gruppengröße sind grausige Themen in den Einrichtungen und haben rein gar nichts mit kindgerechten Angeboten zu tun.

Realitäten in Deutschland.

Es ist eine logistische Meisterleistung, die Gestaltung des Alltages pannen- und unfallfrei zu bewältigen. Ein Spagat, der täglich sehr viel Energie kostet.

Dieses große Talent von Frauen, zu planen und organisieren zu können auf einem Niveau, das jeder Führungsetage Konkurrenz macht, hört in einem beruftätigen Leben mit Kind nie mehr auf.

Es ist ein ganz neues Feld, dass Männer die Väter geworden sind, bestellen müssen.

Sie reiten also diesen Galopp und müssen gleichzeitig Ihr Kind davor schützen, dass es nicht auch in einen Kindergalopp verfällt.

Was ist also bei der Fremdbetreuung zu beachten?

Fremdbetreuung ist nicht per se´ etwas Schlechtes, im Gegenteil.

Auch kleine Kinder haben schon sehr gerne andere Kinder um sich.

Der entscheidende Faktor ist die Dosierung der Stunden.

Wenn Kontinuität der engsten Bezugspersonen ein Grundpfeiler ist, um Vertrauen ins Leben zu entwickeln, dann meint dies, wie schon gesagt, die ungeteilte Aufmerksamkeit.

Umso größer die Gruppe ist, in der sich Ihr Kind in der Fremdbetreuung zurecht finden muss, desto geringer ist der Anteil der Aufmerksamkeit.

Bedürfnisbefriedigung muss warten.

Trösten bei Missgeschicken muss warten.

Hunger und Durst müssen sich nach dem Tagesrhythmus der Einrichtung richten.

Rückzug aus dem Gewusel der vielen anderen kleinen Menschenkinder ist kaum möglich.

Ich stelle überhaupt nicht in Frage, dass ein Kind all dies auch lernen muss.

Der Knackpunkt ist, wann oder besser ab wann und wieviele Stunden des Tages dieses „Lernprogramm" gut tut.

Nehmen wir zum besseren Verständnis einen 8 - Stunden - Arbeitstag von Ihnen. Nun stellen Sie sich vor, Sie beginnen Ihren Tag mit einer Tasse Kaffee oder Tee, den Nachrichten im Radio und einem Brötchen oder Müsli, ganz wie Sie wollen.

Dann starten Sie in Ihren 8 - Stunden - Tag – volles Programm.

Wenn Sie dann abends zurückkommen, dann ist die Tasse Kaffee oder Tee gefühlte Lichtjahre her.

Und genauso ist es für ein Kind und sogar schlimmer, denn Sie können sich noch an den Ärger, den Kummer oder die Freude vom Vormittag erinnern, ein Kind nicht.

Ein Kind lebt immer im Jetzt.

Bedürfnisbefriedigung bitte sofort.

Verzicht, warten und sich aus Rücksicht zurückzunehmen sind ein langer Lernprozess, der nicht vor dem dritten Lebensjahr beginnt.

Und erst mit 3-5 Jahren ist ein Kind in der Lage, seine Erlebnisse, die Stunden her sind, noch einmal abzurufen, sich zu erinnern.

Was bedeutet das?

Im besten Falle beginnt nun eine lange Ära der Teilzeitbeschäftigung.

Hier kommt das Thema Karriere auf den Plan.

Karriere bedeutet vollen Einsatz und nicht Teilzeit.

Ist mit einem Kind also nicht zu vereinbaren.

Das Kind muss zurückstehen.

Doch bedenken Sie bitte: Stellen Sie Ihre Karriere ganz oben auf die Prioritätenliste, wird Ihr Kind von klein auf zu einem Verständnis gezwungen, das es nicht haben kann.

Es wird lernen, diesen diffusen Schmerz auszuhalten, dass Sie nicht da sind.

Bis zu dem Tag an dem ihm die Erkenntnis wächst:

Ich war nicht so wichtig!

Da hilft auch kein vollgestopftes Kinderzimmer mit allem, was der Markt hergibt.

Zeit ist mit Geld nicht aufzuwiegen. Dieses unschöne Wort Luxusverwahrlosung trifft es recht gut. Ihre Präsenz und die Zeit, die Sie für Ihr Kind da sind, ist mit nichts aufzuwiegen.

Stellen Sie also für Ihr Kind die Karriere hinten an, wer ist dann der Leidtragende?

Dieses abstrakte Ding Karriere, von dem Sie nicht einmal wissen, ob sie tatsächlich stattfinden würde oder Ihrem Glückscode entspricht.

Also es geht um Ihr Ego.

Es hat ausschließlich mit Ihnen und Ihrer Entscheidung zu tun.

Treffen Sie Ihre Entscheidung BEVOR Sie sich für ein Kind entscheiden und nicht erst wenn es da ist und Sie dem Kind einen Leidensweg zumuten.

Was ist für die nächsten Jahre wichtiger für Sie: Kind oder Karriere?

Am Besten ist es übrigens, wenn Sie beruflich schon Ziele erreicht haben mit denen Sie zufrieden sind, dann treibt Sie auch nichts, wenn Sie ein Kind haben.

Machen Sie sich bewusst, dass die spritzige Flexibilität, wie sie heute als das Credo unserer Zeit aufgeplustert wird, eine Falle ist.

Flexibilität beschleunigt uns und unsere Kinder in einer Weise, die krank macht.

Nun ist das Ding mit der Karriere immer noch sehr viel häufiger ein Thema von Vätern.

Das ist nicht zufällig so und schon gar nicht, weil Väter besser verdienen.

Der Grund liegt ganz woanders.

Widmen Sie sich Ihrem Kind, werden Sie in gewisser Weise unsichtbar, denn dieser Status „zu Hause mit einem Kind" hat nicht wirklich einen wertschätzenden Status in unserer Gesellschaft.

Babyschwimmen, Spielplatz, Kindertheater oder Basteln in der Schule sind keine Aktivitäten, für die Sie Anerkennung und Bewunderung ernten.

Obwohl sie so kostbar sind:

Diese tausend Kleinigkeiten aus denen Ihr Leben nun besteht, haben etwas von Banalität.

Da ist es doch ein ganz anderes Kaliber, etwas zu produzieren oder an egal welchen Prozessen in der Arbeitswelt beteiligt zu sein.

Das ist Business.

Das ist nach meiner Erfahrung der Grund, warum Männer heute immer noch in ganz überwiegender Zahl eher arbeiten gehen und sich nicht der Banalität der Kinderbetreuung hingeben wollen.

Übrigens ist es sehr viel entspannter, den ganzen Tag seinem Job nachzugehen, als Teilzeitarbeit mit Teilzeitmutter und Teilzeithaushalt zu vereinbaren.

So sehr Sie vielleicht dieses Teilzeitleben herbei gesehnt haben, um nicht nur im Hausfrau und Muttersein zu versinken, so sehr wird die Verdichtung des Alltages rapide zunehmen.

Sie empfinden zwar die Betreuung Ihres Kindes durch andere Menschen als eine wohltuende Entlastung und freuen sich darauf, endlich wieder anderen Dingen Ihre Aufmerksamkeit schenken zu können, doch je nach Modell der Kinderbetreuung wartet auch jede Menge neue Mitwirkung am Alltag Ihres Kindes auf Sie.

Die tägliche Ausstattung Ihres Kindes für die Anforderungen des Kita-Alltages, Elterndienste bei Krankheit des Personals, Elternabende, Kochen, Putzen, Kindergeburtstage, Faschingskostüme, Laternenfeste, Weihnachtsfeiern, Begleitung bei Ausflügen... es ist eine endlose Liste und Sie sind mittendrin.

Dazu kommt noch, dass die Tagespläne der Kinder neben der täglichen Fremdbetreuung mit allen möglichen Terminen gerne aufgestockt werden.

Ob Malschule, Musikinstrument oder Sportverein, es ist ein Leichtes, das Leben der lieben Kleinen voll zu verplanen.

Hört sich chic an und entlastet die Eltern und fördert natürlich das Kind.

Doch hier möchte ich noch einmal eindringlichst auf die Balance hinweisen.

Die ersten acht Lebensjahre Ihres Kindes kommt es vor allem darauf an, dass Sie für die Ruheseiten, diese unsichtbaren Kostbarkeiten, sorgen.

Die Bewegungsseite wird durch Kindergruppen und die Schulzeit mehr als genug abgedeckt.

Es geht um Stille.

Es geht darum, allein zu sein, Erlebtes nachklingen zu lassen.

Den permanenten Input anzuhalten.

Diesen Raum zu schaffen für Ihr Kind.

Ein Landeplatz, zu Hause sein.

Gönnen Sie sich und Ihrem Kind diese so wichtigen Pausen.

Und wenn Ihr Kind dann quengelt, dass es ihm langweilig ist, dann ist das gut, sehr gut und Sie nehmen es in den Arm und genießen die Stille, das Anhalten.

Erzählen von Ihrem Tag, fragen Ihr Kind nach seinen Erlebnissen und plaudern über dies und das.

Es ist auch ein Lernen für Ihr Kind, mit sich zu sein und nicht in Rast- und Ruhelosigkeit zu verfallen.

Das bedeutet für Sie:

Egal ob sich Wäschetürme stapeln, der Wasserhahn tropft oder die Staubmäuse tanzen. Auch Sie müssen anhalten können, egal wie lang die To-do-Liste ist.

Damit taucht wieder etwas auf, was vollkommen unspektakulär ist und gleichzeitig so überaus wertvoll.

Die wichtigsten Dinge in der Aufgabe, ein Kind zu begleiten, zu erziehen und zu lenken, sind unspektakulär.

Da ich diesen Aspekt bisher häufiger betont habe, möchte ich an dieser Stelle einen kleinen Ausflug zu einem Phänomen unserer Zeit machen, das ich als relativ neu wahrnehme.

Ich stehe beim Fleischer in der Reihe und vorne ist ein Vater mit seinem vierjährigen Kind. Er fragt: „Malte, welche Wurst möchtest du denn?"

Wir sehen so an die 50 verschieden Wurstsorten, Malte gefühlte 100 Sorten.

Malte entscheidet sich sogar, doch der Papa sagt, dass wir doch gerade diese Wurst erst letzte Woche hatten und so geht es munter weiter und alle warten auf Maltes Entscheidung.

Ich nenne das Vorführpädagogik, denn Papa demonstriert sein „pädagogisch wertvoll" und erwartet das volle Verständnis und die volle Anerkennung seines Umfeldes.

Wer sich dieser schweren Aufgabe, ein nützliches Mitglied der Gesellschaft heranzuziehen, widmet, kann doch schließlich auch Rücksichtnahme, Verständnis und Anerkennung verlangen.

Dieses demonstrative Einfordern von Aufmerksamkeit an der Wursttheke, der Ort ist austauschbar, hat mich lange beschäftigt.

Ein anderes Beispiel.

Ich sitze an einem kilometerlangen menschenlee-ren Strand im Strandkorb und lese, genieße und bin vollkommen entspannt.

Meine Kinder sind alle groß.

Es taucht eine Frau mit drei Kindern auf, die Dra-chen dabei haben. Sie sehen mich im Strandkorb sitzen, dem sonst einzigen Menschen am Strand, gucken in die eine, dann in die andere Richtung und entschließen sich, genau vor mir ihre Drachen steigen zu lassen.

Ich lese weiter und höre mir das eine Weile an, wie die misslungenen Startversuche in Abstürzen der Drachen enden und die Frau den Kindern Vorträ-ge über das erfolgreiche Drachensteigen hält.

Dann entschließe ich mich, in aller Freundlichkeit die Frau zu bitten, ob es möglich sei, dass sie ein paar Meter rechts oder auch links am Strand das Unternehmen Drachen steigen fortsetzen könnte.

Sie sammelt ihre Kinder ein und geht ein Stück weiter. Ein Kind fragt, was ich gesagt hätte. Die Frau entgegnet, dass ich mich gestört fühle von ih-nen und bestimmt so eine Zicke sei, die keine Kin-der hat.

Die Menschengattung, die ihre Kinder schon groß-gezogen hat und nun eben kein Bock mehr hat auf das Kinderprogramm, existiert im Bewusstsein von Eltern, die mitten in ihrem Leben mit Kind stecken, überhaupt nicht.

Wo kommt das her, dass Menschen mit Kindern heute meinen, dass alle anderen dies in grenzenlosem Verständnis mitzuerleben haben?

Es ist natürlich reine Spekulation von mir, aber ich denke, dass es genau mit dieser unspektakulären, stillen Seite von Kind haben zu tun hat.

Diese Eltern haben in ihrer Kinderzeit, wenn sie Glück hatten, viel Aufmerksamkeit, Fürsorge, Zuwendung erhalten, standen im Mittelpunkt.

Dann haben sie evtl. noch einen Job, in dem Ihnen auch viel Anerkennung entgegengebracht wird.

Und nun sollen sie bei ihrem eigenen Kind ohne großes Furore still zu Hause sitzen und ihrem Kind Gutes tun.

Das halten sie nicht aus. Da geht man raus und führt sein Kind vor, ob an der Fleischtheke oder am Strand oder wo immer es nur geht.

Wie gesagt, es ist reine Spekulation.

Noch ein Wort zu dem Thema Urlaub mit Kind.

Ich spreche jetzt nicht von Urlauben in Clubs mit Kinderbetreuung. Sein Kind weg zu organisieren ist ein Leichtes, trifft aber nicht den Kern dieses Buches. Ich spreche hauptsächlich davon, was ein Leben MIT Kind bedeutet.

Obwohl ich an dieser Stelle nicht weglassen möchte, dass zum Beispiel Großeltern oder andere familiäre Bezugspersonen, die gerne mit Ihrem Kind für ein, zwei Wochen Ferien machen wollen, etwas vollkommen anderes sind, als der Kinderclub im Irgendwo.

Großeltern fühlen sich wie zauberschöne Märchen an. Sie sind aus einer anderen Zeit, haben Zeit. Sie sind die Menschen, die für jedes Kind das ungetrübte Glück verkörpern können.

Nun also der Urlaub als Familie mit 24 Stunden Programm über einen längeren Zeitraum.

Es ist eine Bewährungsprobe.

Das Ruhebedürfnis beider Elternteile ist groß und interessanterweise haben Kinder sehr unterschiedliche Gesichter. Sie sind bei der Mutter anders drauf als beim Vater und noch mal anders, wenn beide Elternteile zusammen anwesend sind.

Dieser Spruch „komisch, bei mir macht er/sie das nicht" gehört ins Standardwerk der Elternzeit.

Nun also volles Programm.

Die ersten Jahre haben mit Urlaub, so wie Sie ihn vor der Familienzeit kannten, nichts gemein. Buddelkiste, Planschbecken und Schlittenfahren gehören nicht zu Ihren vordringlichsten Hobbys, sind aber nun angesagt. Das Beste, was Ihnen passieren kann: sich am Glück Ihres Kindes freuen und darüber den Verzicht auf eigene Interessen verschmerzen.

Das Kind in mir, wie viel ist davon noch da, wie viel verschüttet?

Dieses unbeschwerte Sein, mit großen Glitzeraugen staunen, dieses verträumte in sich Versinken in den Phantasiewelten zwischen Himmel und Erde, Sandburgen bauen und Wasserstrassen, die Zeit vergessen.

Umso mehr Sie davon in Ihren Erinnerungen bewahren konnten, desto glücklicher kann ein Leben mit Kind werden, weil es Ihnen eine große Freude ist, eins zu sein mit Ihrem Kind.

Dann sind Ihnen die unzähligen Stunden im Sand, auf Spielplätzen, die Vorlesestunden nicht lästig, sondern immer aufs Neue ein großes Abenteuer.

Nun bedeutet Urlaub für die allermeisten Erwachsenen auch ausschlafen und lange wach zu bleiben.

Und da wird es schon komplizierter als Eltern.

Schon im Alltag gibt es nur noch verschwommene Erinnerungen daran, wie es ist, ausgeschlafen zu sein. Ihr Kind macht da keinen Unterschied zwischen Alltag und Urlaub, genauso wenig wie zwischen Montag und Sonntag.

Hier wiederholt sich das Thema, offen miteinander Absprachen zu treffen.

Wer steht mit dem Kind auf und wer darf ausschlafen? Beide Elternteile haben ein vollkommen berechtigtes Interesse daran, sich ausgeschlafen fühlen zu wollen. Wenn nicht im Urlaub, wann dann?

An dieser Stelle sollen Sie auch wissen, dass ein Kind Phasen durchläuft, in denen es sich mehr zu dem einen oder anderen Elternteil hingezogen fühlt. Papa soll Schuhe anziehen, Mama soll die Gutenachtgeschichte vorlesen und vieles mehr.

Auch hier ist es wieder so wichtig, dass Sie nicht in Konkurrenz zueinander gehen, denn es ist absolut kein Indiz dafür, dass ein Kind den einen lieber mag als den anderen.

Ein Kind liebt immer beide.

Nun sind auch kleine Kinder schon sehr ausgefuchst und benutzen dieses Spiel auch gerne, um sich die angenehmste Form auszusuchen.

Ich habe z.B. immer sehr lange Gutenachtgeschichten vorgelesen und diese kuschlige Nähe zu den Kindern genossen. Der Vater der Kinder fing schon nach dem dritten Satz an zu gähnen und da fielen die Abendrituale sehr viel kürzer aus.

Da ist es dann sehr wichtig, sich nicht gegenseitig zur Gleichmacherei anzuhalten, sondern dem Kind klar zu machen, dass es eben Unterschiede gibt. Menschen sind unterschiedlich und auch das müssen Kinder lernen.

Ansonsten ist Urlaub die kompakteste Zeit, um das gegenseitige Erziehungsverhalten zu beobachten und stressfrei aufeinander abzustimmen. Das ist nicht immer leicht, denn jeder ist von seinen Ansichten überzeugt, aus welchen Gründen auch immer.

Wir sind alle mehr geprägt von unseren eigenen Erfahrungen als Kind, als wir oft glauben wollen.

Wir wollen nur so gerne glauben, dass wir alles besser machen, doch unsere Ansichten, was richtig oder falsch sein soll, leiten sich aus unserer eigenen Geschichte ab.

Sie bringen als Eltern zwei vollkommen verschiedene Geschichten mit und so bleibt Ihnen, bei gegensätzlichen Meinungen nur geduldig den Kompromiss zu suchen und Lösungen fair auszuhandeln.

Noch ein Wort zum Thema Bestrafung des Kindes.

Es gibt nicht einen einzigen Grund, Kinder mit Schlägen zu bestrafen.

Nicht einen einzigen.

Weder den Klaps auf den Po, noch die Ohrfeige.

Darüber muss absolute Übereinstimmung bei Ihnen als Paar herrschen, BEVOR Sie sich für ein Kind entscheiden, sonst wird die Elternzeit zum Horrortrip.

Wenn klar ist, dass wir von unserer eigenen Kindheit geprägt sind und diese als gut oder schlecht beurteilt haben, dann neigen wir auch dazu uns das Schlechte als „es hat uns ja nicht geschadet" zurechtzubiegen.

Doch über das Thema Schläge als Strafe müssen Sie den Stab brechen.

Jeder Schlag ist ein massiver Missbrauch von Macht, weil wir das Gefühl von Hilflosigkeit nicht aushalten.

Schließlich sind die Rollen klar verteilt.

Die Erwachsenen sind die Starken und die Kinder die Schwachen. Basta.

Die Großen wissen, wie das Leben geht, die Kleinen nicht. Noch mal Basta.

Verstehen Sie mich nicht falsch, es geht hier nicht um Grenzenlosigkeit.

Kinder brauchen Grenzsetzungen und wir sind dazu da, diese Grenzen zu setzen, uns nicht zum Sklaven unseres Kindes zu machen.

Doch dazu braucht es ganz sicher keine Gewalt, egal in welcher Form.

Gewalt ist immer eine Bankrotterklärung.

Natürlich kostet es unendlich viel Kraft, immer wieder das Nein als Grenzsetzung zu sagen. Hundertmal, Tausendmal, Zehntausendmal.

Die Testspiele des Kindes nehmen kein Ende.

Es hat Geduld ohne Ende, immer wieder auszuprobieren, ob nicht doch was geht.

Oder uns auf die Palme zu bringen.

Test, Test, Test...

Doch der eigentliche Test besteht darin, ob Sie scheitern oder nicht.

Konsequent zu sein im Nein, jedes Nein genau zu überlegen und durchzuhalten ist einer der Grundpfeiler von Erziehung, schafft Orientierung, Verlässlichkeit und Vertrauen.

Jedes Einknicken ist im Moment bequem, kostet Sie aber ein Stück Ihrer Glaubwürdigkeit.

Es ist ein schaler Sieg des Kindes und es sucht sich die nächst beste Gelegenheit, einen neuen Test zu starten.

Sie sind der Fels in der Brandung, der immer weiß, was richtig und was falsch ist.

Sie wissen immer, wann ein Ja oder ein Nein die Antwort ist.

Umso wankelmütiger Sie sind, desto größer ist die Verunsicherung und Orientierungslosigkeit bei dem Kind, denn es weiß nicht, ob Sie wirklich der Fels in der Brandung sind.

Also, Macht und Stärke zeigen sich in geduldiger Konsequenz und Klarheit, doch ganz sicher nicht im gewaltsamen Durchsetzen von Zielen.

Das Rezept lautet:

Engelsgeduld

Nerven aus Draht

Fusseln am Mund

Von allem eine große Portion und dann wird es gut.

Kommen wir noch einmal auf Sie als Paar zurück.

Jede langfristige Beziehung droht im Alltag in Gewohnheit und Desinteresse am Anderen abzugleiten.

Der Blick für den Anderen wird unscharf.

Wir glauben, die Meinung zu vielen Themen und die Argumente in Auseinandersetzungen zu kennen.

So, wie es mal unser sehnlichster Wunsch war, mit diesem Partner zu leben und ein Kind zu haben, sind wir nun im vollen Programm unserer Wunscherfüllung angekommen.

Und wie sind wir Menschen drauf, wenn sich Wünsche und Ziele erfüllt haben?

Es macht uns für einen Wimpernschlag glücklich.

Und dann?

Was passiert dann?

Wir neigen uns Neuem zu, suchen neue Ziele, neue Wünsche und neue Herausforderungen.

Das Verweilen in der Erfüllung ist uns nicht gegeben.

Übrigens einer der Gründe, warum unser Leben diese groteske Geschwindigkeit entwickelt hat.

Doch wie verweilen wir in der Erfüllung der Liebe, wenn wir Eltern sind und uns für ein langes Stück gemeinsamen Weg entschieden haben?

Wir bringen das Kunststück fertig, den anderen zwar aus vollem Herzen zu lieben, aber ihn nicht besitzen zu wollen und nicht Eigentum des anderen zu sein.

Wir sind uns des anderen nie ganz sicher und bleiben aufmerksam und interessiert.

Man kennt einen Menschen nie ganz, das ist unmöglich.

Dieser Wandel des Menschseins macht das Verweilen in der Erfüllung möglich und wir brauchen noch eine Portion erotische Toleranz.

Was ich damit meine?

Es gibt ja diese wunderbare Kultur des Flirtens.

Gäbe es den Flirt nicht, er müsste für Langzeitpaare erfunden werden.

Junge Mütter mit einem Baby auf dem Arm sind für Männer unsichtbar und dies aus gutem Grund.

Dieses Bild der Mutter und mit Kind, vermittelt in Bruchteilen von Sekunden: Sie ist vergeben und hat sich entschieden.

Zum Glück dauert dieser Zustand nicht sehr lange an.

Wir sind auch mal wieder ohne „Anhang" unterwegs und dann ist unsere Zeit gekommen.

Es geht nicht darum, Ihre kleine Familie in die Luft zu sprengen, es geht aber sehr wohl darum, Ihrem Ego, Ihrem Frausein Gutes zu tun.

Dafür ist das Flirten ein fabelhaftes Mittel.

Es macht Spaß, ist ungefährlich und tut unendlich gut.

So wie der Duft von gutem Kaffee.

Eigene Notizen und Gedanken

12. Kapitel

DIE SCHULZEIT

Dem Beginn der Schulzeit gehen sehr gemischte Gefühle voraus.

Alles bestand bisher aus tausend wertvollen Kleinigkeiten.

Sie konnten mehr oder weniger frei gestalten.

Wie Sie Ihren Alltag organisieren, Urlaub machen und Ihr Familienleben leben.

Mit dem Beginn der Schulzeit werden Sie in ein vorgegebenes Korsett mit vielen komplizierten Schnüren gepresst.

Sie werden sehr viel Zeit dafür aufwenden, den geeigneten Schultyp für Ihr Kind zu finden. Alle Schulen bieten Tage der offenen Türen an, damit Sie sich ein Bild machen können. Infoabende zum Thema „Wie finde ich den richtigen Schultyp für mein Kind" sind Pflicht.

Die Konzepte der Schulen wechseln schneller als diese Tinte trocknen kann. Sie werden zur gegebenen Zeit Ihre Entscheidung treffen.

Stundenpläne und Ferienzeiten bekommen nun oberste Priorität in Ihrem Terminkalender.

Wir bringen unsere eigenen Erinnerungen und Erfahrungen aus der Schulzeit mit und diese werden wieder sehr lebendig.

Ihr Kind wird nun zum Schulkind.

Es ist ein erhabenes Gefühl.

Diese noch immer recht kleinen Menschen, die mit ihrer riesigen Schultüte vor ihrer zukünftigen Schule stehen, machen glücklich.

Wir haben schon ein stolzes Stück Weg hinter uns gebracht.

Es ist ein besonderer Moment.

Natürlich muss es das Abitur werden.

So treten erst einmal alle Eltern an.

Wie gesagt, die Eltern.

Erziehung soll heute exquisit und produktiv sein.

Eltern sollen effiziente Kinder auf den Markt schmeißen.

Sie erweisen Ihrem Kind einen großen Dienst, wenn Sie es in seinen Stärken und Schwächen so nehmen wie es ist.

Auch wir hatten unsere Vorlieben und Abneigungen und mal ehrlich, die Sinnhaftigkeit von so manchen Lerninhalten darf angezweifelt werden.

Mit viel Glück wird die Phantasie Ihres Kindes belächelt und nicht weggelehrt.

Erinnern Sie sich an Ihre Schulzeit?

Was war das Wichtigste?

Eben, die Freunde.

Bleiben Sie also so entspannt wie möglich, denn die Schulzeit ist sehr, sehr lang und kann zur größten Belastungsprobe in der Eltern-Kind-Beziehung werden.

Umso mehr Sie Ihr Kind zwingen, drängeln und trietzen, desto mehr verliert Ihr Verhältnis an Leichtigkeit.

Wenn sich die Liebe zu Ihrem Kind nur noch über einen, nämlich den für Sie zufriedenstellenden Leistungslevel definiert, wird es gefährlich.

Je eher Sie sich dafür entscheiden, dass Ihr Kind als Schulkind nun auch beginnt Verantwortung für sich selbst zu übernehmen und Sie Wegbegleiterin sind, umso stressfreier gelingt es diese langen Schuljahre in das Familienleben zu integrieren.

Sie haben jede Menge Möglichkeiten, die Schulzeit Ihres Kindes mitzugestalten, ohne sich in den direkten Alltagskram einzumischen, den Ihr Kind zu erledigen hat,

Lassen Sie Ihrem Kind sein Tempo, seine Interessen und Begeisterungen. Seien Sie aufmerksam und hilfsbereit, aber nicht aufdringlich.

Dem Kind das Gefühl zu vermitteln, dass Ihnen sein Lebensort Schule wichtig ist, zeigen Sie am Besten über Kontakte zu anderen Eltern und Ausübung von Ämtern wie Elternsprecherin.

Die aktive Beteiligung an Schulfesten und Ausflügen sind auch wertvolle Signale dem Schulleben Ihres Kindes mit Wertschätzung zu begegnen.

Wichtig ist auch ein entspannter und offener Kontakt zu den Lehrerinnen und Lehrern des Kindes.

Ist Ihre eigene Geschichte zum Thema Lehrerinnen und Lehrern so, dass Sie sich einen entspannten Kontakt auf Augenhöhe vorstellen können?

Da Sie dieses Buch im Hinblick auf Ihre Entscheidung für oder gegen ein Kind lesen, will ich hier nicht weiter ins Detail gehen. Es würde zu weit führen.

Der Kern der Sache ist, ob Sie tolerant genug sind, ein Kind so zu begleiten, wie es ist. Seine Schwächen zu akzeptieren und es loszulassen in seine eigene Verantwortung.

Und seien Sie sich immer bewusst: Nicht alle Kinder sind als Abiturienten geboren oder die Pubertät schießt so große Purzelbäume, dass Schule Nebensache ist.

Doch es ist immer und zu jeder Zeit auch als Erwachsener möglich, alles an Bildung einzusammeln, was man haben möchte und dann geschieht es aus einer eigenen Motivation und nicht durch Druck und Zwang.

Erlauben Sie der Schulzeit nicht, zur Bruchstelle Ihrer Beziehung zu Ihrem Kind zu werden.

Übrigens spätesten jetzt werden Sie als Familie in Schulpflicht richtig heftig finanziell geschröpft. Es fängt an zu metern und alleine die Preise für Urlaube in den Schulferien machen jeden Familienzuschlag oder Kindergeldzahlungen zur Farce.

Eigene Notizen und Gedanken

13. Kapitel

DAS ANGSTGESPENST
PUBERTÄT

In all den Jahrzehnten, in denen ich mit Eltern Kontakte hatte, war die größte Angst die Zeit der Pubertät.

Ich habe nie wirklich verstanden, warum das so ist, aber es war so.

Natürlich geht das ganze Programm los mit allen Höhen und Abgründen, die die Pubertät, mit ihrer Hormonumstellung, zu bieten hat.

Die Laune schlägt Purzelbäume, Sie wissen nie, was gerade dran ist.

Was Sie gestern noch stressfrei besprechen konnten, wird morgen zum Drama.

Die Art des zuhause seins verändert sich und doch ist die Wärme der Familie immer noch ein sichtbar, genießendes Element. Ab und zu.

Die Entdeckung des anderen Geschlechts lässt Ihre Badzeiten auf ein gerade noch zu verantwortendes Minimum schrumpfen.

So lichtscheue Dinge wie Kondome finden ihre geheimen Aufenthaltsorte.

Ist das junge Wesen verliebt schwebt es wie ein Lindenblütenpropella durch die Gegend.

Doch der erste Liebeskummer tut selbst Ihnen körperlich weh.

Das Herz setzt sich neu zusammen, nachdem die Herzlandschaft in Trümmern liegt.

Sie sammeln Ihr liebeskrankes Kind Stück für Stück wieder ein.

Erledigen möglichst unsichtbar den so überaus unwichtigen Alltagskram, Lieblingskuchen, weiteratmen.

Alles, was Freunde sagen und denken ist Hipp, Ihr Einfluss lässt nach.

Ihre gemeinsamen Aktivitäten werden sehr übersichtlich.

Das Kind hat Geheimnisse.

Das Aushandeln von Übernachtungen bei Freunden oder wann das Kind nach einer Party nach Hause kommen soll, macht jedem Verhandlungsprozess auf einem türkischen Basar alle Ehre.

All das ist so und noch so vieles mehr.

Doch es ist die Zeit, in der wir beginnen mehr und mehr auf Augenhöhe mit unserm Kind zu leben und das ist wunderbar.

Es geht im Kern um Vertrauen.

Vertrauen in sein Kind zu haben und es loszulassen, dass es sein Erwachsenwerden entwickeln kann.

Tag und Nacht da zu sein, wenn was schief geht und zurückhaltend zu sein, wenn alles gut läuft.

Vielleicht ist es der Schleudergang von Nähe und Distanz, der es für viele Eltern so anstrengend macht.

Mal sind wir okay und mal sind wir out.

Aber wann was dran ist, lässt sich nie sagen.

Abgrenzung, Streitkultur und Empörungsrethorik sind auch spannende Themen.

Alles und jeder wird kritisch beleuchtet und in Frage gestellt.

Die Toleranz vor dem Anderssein des anderen ist ein kleines Fenster in der Pubertät.

Die Affinität mit der Widerständlichkeit verwandelt Ihre Diskussionen am Küchentisch in eine Dialogmanufaktur und die oberste Spielregel lautet ein respektvolles Niveau miteinander zu halten.

Was es eigentlich anstrengend macht, ist die Angst von uns als Eltern, dass die Diskrepanz zwischen „sich schon so erwachsen fühlen" und doch noch „in so vielen Dingen naiv und ahnungslos zu sein", zu Katastrophen führen könnte.

Ja, es ist die Angst mit der wir umgehen müssen und die wir unserem Kind nicht überstülpen dürfen.

Die Pubertät ist ein Lebenskonzentrat.

Es kann immer alles passieren.

Die falschen Menschen zur falschen Zeit am falschen Ort.

Drogen, Gewalt, ein Baum kippt um.

Es gibt keine Garantie im Leben, für nichts, auch nicht in der Pubertät.

Und diese diffuse Angst müssen Sie ein paar Jahre aushalten.

Können oder wollen Sie das?

Natürlich ist es heute möglich, dass Ihr pubertierendes Kind überwiegend vor und mit der digitalen Welt „unterwegs" ist.

Also immer schön zu Hause.

In der Welt unterwegs von zu Hause. Für Sie sozusagen angstfrei.

Doch die Tücke besteht darin, dass jedes Zuviel von egal was äußerst schädlich ist.

Persönliche Kontakte, Freundschaften „in Echt" schließen und pflegen und Bewegung kann keine digitale Welt ersetzen.

Kein Computer kann das Gefühl von Glück ersetzen das wir empfinden, wenn wir in den Wellen des Meeres springen, auf einem Konzert mit tausenden das schönste Lied aller Zeiten singen oder mit Freunden Tränen lachen über eine Geschichte die das Leben schrieb.

Scheuchen Sie Ihr pubertierendes Kind hinaus in die echte Welt und halten Sie Ihre Ängste aus.

Die Zeit der letzten gemeinsamen Urlaube ist angebrochen und sie tun gut daran statt anzuecken, Hindernisse zu überspringen.

Das heisst, dass weder Sie noch die pubertierenden Sprösslinge irgendetwas tun müssen in dieser gemeinsamen Zeit.

Unser aller Alltag ist so beschleunigt, dass es eigentlich nur darum geht zu entschleunigen und die gemeinsame Zeit als Familie zu genießen. Ob lachen, schweigen, reden, spielen oder sogar Sandburgen bauen; es ist dieses Beisammensein mit der Gewissheit, dass es nicht mehr lange gehen wird, dieses Familienleben.

Die erste Jugendreise unter Gleichaltrigen ist im Anmarsch.

Ihre Sprösslinge können auch mal für ein paar Tage allein zu Hause sein und Sie ein schönes Wellnesswochenende oder eine Städtetour planen.

Allein zuhause bedeutet Verantwortung zu übernehmen und eine Party so zu veranstalten, dass die Bude nicht abbrennt.

Eine der wichtigsten Formeln in der Zeit der Pubertät ist auch hier wieder, dass sie sich als Elternpaar einig sind in allen grundsätzlichen Fragen.

Das macht es den jungen Menschen in dieser sehr anstrengenden Zeit leichter.

Inzwischen haben Sie auch ein Alter erreicht, das nicht mehr als besonders jung bezeichnet werden darf.

Das ist auch völlig okay.

Jede Falte ist intensiv gelebtes Leben, hart erarbeitet.

Gerade Mütter neigen nun dazu, mit ihren Töchtern zu konkurrieren und finden es besonders chic, wenn sie für die Schwester der Tochter gehalten werden.

Abgesehen davon, dass sie es diesen Töchtern sehr schwer machen, den Sinn der Pubertät zu erreichen, nämlich die Ablösung und Abgrenzung auf allen Ebenen von den Erwachsenen, hat es was Verkrampftes.

Seien Sie stolze Mutter einer aufblühenden jungen Frau und bleiben Sie bei sich. Es gibt keinen Grund, sich vor dem Alter zu fürchten.

Jede Zeit ist eine schöne Zeit.

Eigene Notizen und Gedanken

14. Kapitel

SWEET SIXTEEN ODER
FAMILIE ALS WOHNGEMEINSCHAFT

Schauen wir uns die letzten Jahre Ihres gemeinsamen Familienlebens an.

Wenn das Kind Teenager wird, verwandelt sich das Familienleben in eine Art Familien - WG.

Schulabschluss, Praktika, Ausbildung, Studium

Das sind die Themen die diese Zeit dominieren, also die weitere Wegfindung Ihres Teenagers.

Es ist spannend und gleichzeitig nervt es unendlich und zwar die ganze Familie. Der Slogan unserer Zeit „Alles ist möglich" macht nicht nur frei, sondern hält Sie ständig in der Ungewissheit, ob Sie ausreichend gut informiert sind und ob das was der junge Mensch gerne machen möchte auf dem Markt überhaupt gefragt ist.

Die philosophische Frage „Wer bin ich?" gekoppelt mit den unkoordinierten Kräften der Jugendzeit hält jede Menge Turbolenzen bereit.

Wenn sich Selbstfindung und berufliche Perspektivplanung in dieser Zeit so gnadenlos gegenüberstehen und eine Zerreißprobe für jeden jungen Menschen darstellen, dann kann das Credo nur sein: „Es geht um einen ersten Schritt und nicht um das ganze Leben."

Es ist die Zeit sich auszuprobieren, den jungen Menschen soviel Raum wie möglich zu lassen, in dieser Welt unterwegs zu sein, um zu gucken: "Was fühlt sich für mich richtig an, was interessiert mich?"

Hier platziert sich übrigens der einzige Vorteil ein Abitur anzustreben. Der junge Mensch hat zwei bis drei Jahre länger Zeit sich diesen Fragen zu stellen.

Das Ende der Schulzeit ist ein wunderbarer Augenblick, egal ob nach zehn, zwölf oder dreizehn Jahren. Wunderbar für Sie als Eltern und wehmütig für den jungen Menschen, denn so sehr die Teenager diesen Moment herbei gesehnt haben, so sehr spüren sie auch, dass etwas sehr vertrautes zu Ende geht.

Jedes Familienmitglied hat sein Tagespensum, es gibt vereinbarte oder zufällige Begegnungen, Diskussionen und Absprachen über die Eckpunkte des Alltages.

Sie nehmen mal mehr, mal weniger teil am Leben dieses jetzt jungen Erwachsenen.

Flexibilität steht hoch im Kurs.

Mal steht ein wildfremder Mensch in Ihrem Bad, mal ist die Bude rappelvoll mit Freunden, weil Ihrem Kind mal so eben gelungen ist, alle Freunde zu versammeln, um von einer dreimonatigen Irlandreise einen Fotobericht abzugeben.

Mit irischem Kochen natürlich.

Also Chaos auf der ganzen Linie.

Das ist nicht nur Stress für Sie, dass macht auch Spass und kann einer der Gründe sein, warum Sie gar nicht scharf darauf sind, dass Ihr Kind nun eigentlich bald ausziehen könnte.

Es ist durchaus auch spannend, an dem Leben eines erwachsenen Kindes teilzunehmen.

Und als Paar können wir uns, nach all den Jahren als Eltern, davor fürchten, plötzlich in der Stille der Zweisamkeit zu landen.

Diese Spielarten in der Zeit des Loslassens führen häufig dazu, dass Kinder bis weit in die 20ziger Lebensjahre zu Hause leben und das ist fatal.

Es gibt um das 20zigste Lebensjahr herum nichts mehr, was Sie der Zeit mit Ihrem Kind in Ihrem gemeinsamen Zuhause noch hinzufügen müssten.

Alles ist getan, um es in ein selbständiges, eigenverantwortliches Leben zu entlassen.

Ziehen Sie es nicht unnötig in die Länge,

weil Sie sich davor fürchten, in diese Leere zu stürzen?

weil Sie die Kontrolle behalten wollen?

weil Sie an dem Leben des jungen Erwachsenen teilhaben möchten?

weil Sie es Ihrem Kind noch nicht zutrauen?

Was bis hierher nicht im Rucksack fürs Leben drin ist, ist nicht mehr Ihr Job.

Jetzt beginnt das selbständige gelebte Leben mit all seinen Erfahrungen und Erkenntnissen.

Sie sind nicht aus der Welt.

Für Fragen und kritische Lebensphasen bleiben Sie immer Ansprechpartner und Vertrauensperson in der ersten Reihe.

Wir bleiben das Netz für unsere Kinder.

Aber lassen Sie los, stehlen Sie Ihrem Kind nicht kostbare Lebenszeit.

Mit der Durchtrennung der Nabelschnur beginnt das Loslassen, im bittersüßen Ziehenlassen findet es seine Vollendung.

Wie haben Sie Ihr eigenes Gehen aus dem Elternhaus erlebt?

Dürften Sie leichten Herzens Ihre Eltern zurücklassen?

Sind Sie mit einem guten Gefühl losgezogen, ausgezogen in Ihren neuen Lebensabschnitt?

Spüren Sie dem nach in Ihrem Leben und umso mehr Leichtigkeit in dieser Erfahrung, die heute Erinnerung ist, steckt, desto besser sind Sie für diesen Augenblick des Loslassen Ihres eigenen Kindes gerüstet.

Sie werden Ihr Kind ziehen lassen können und ohne Angst in das Loch fallen, das erst einmal auf Sie wartet.

Doch wenn Sie nie wirklich losgelassen wurden, nie als eigenständiger erwachsener Mensch vom Elternhaus respektiert wurden, dann ist die Gefahr sehr groß, dass Sie klammern werden.

Ihr Vorteil ist, dass Sie schon heute Klarheit in dieses Thema bekommen können und genügend Zeit haben, zu lernen und sich zu verändern.

Wir sprechen von einer Zeit, die erst am Ende Ihrer Elternzeit liegen wird und doch schließt sich hier ein Kreis.

Der ewige Kreis des Miteinanders in diesem Leben.

Wie gehe ich mit den Menschen um, die ich liebe, die mir nahe stehen, die von Bedeutung sind in meinem Leben?

All diese wertvollen Dinge wie Achtsamkeit, Wertschätzung, Toleranz und in Liebe in dieser Welt unterwegs zu sein, gehören für die Entscheidung, in ein Familienleben zu starten, in IHREN Rucksack, um am Ende des Weges Ihr Kind mit SEINEM Rucksack ziehen zu lassen.

Wie fühlt sich IHR Rucksack an?

Eigene Notizen und Gedanken

15. Kapitel

UND DANN GEHT DAS KIND

In jeder Phase, die Sie bisher mit Ihrem Kind gelebt haben, gab es diese Sehnsucht nach vorne.

In den ersten Monaten und Jahren wünschen Sie sich, Ihr Kind möge endlich sprechen lernen, damit Sie wissen, warum es quengelt oder ähnliches.

Dann wünschen Sie sich, dass das Windelalter endlich vorbei sein soll, damit Hoseriechen und Geschmadder aufhören.

Dann wünschen Sie sich, dieser Kleinkindkram möge endlich vorbei sein, damit Aktivitäten hinzukommen können, die Ihnen auch Spass machen.

In der Schulzeit wünschen Sie sich, dass die Strapazen nicht länger Ihr Verhältnis zu Ihrem Kind strapazieren sollen.

In der Pubertät wünschen Sie sich, dass an dieser Hormonachterbahn Ihr gutes Verhältnis zu Ihrem Kind nicht zerbrechen soll.

Sie die richtige Temperatur von Nähe und Distanz treffen mögen.

Alles was bisher war, war auch immer die Freude darauf, mehr Zeit für sich zurückzubekommen.

So richtig am Stück, nicht nur ein paar Stunden oder Tage.

Doch auf das, was jetzt kommt, sind Sie nicht vorbereitet.

Können nicht in Ihren eigenen Erinnerungen nachspüren.

Ihr Kind zieht aus, geht in das eigene Leben.

Sie können sich zwar gut daran erinnern, wie es war, als Sie diesen Schritt getan haben.

Es war wie eine Explosion, ein Feuerwerk endlich erwachsen zu sein, auf eigenen Füßen zu stehen, dem Gequengel der Eltern zu entkommen „räum dein Zimmer auf, wo warst du, wo gehst du hin, hast du dies oder das erledigt"

Es war ein herrliches Gefühl für Sie loszugehen.

Doch jetzt gehen nicht Sie los, sondern Ihr Kind, und Sie bleiben zurück.

Das ist die einzige Szene, die Sie nicht im Kamerakasten haben, nicht haben können.

Und dann überfällt Sie diese Trauer, dieses Gefühl von Verlust, diese Lücke in Ihrem zu Hause gähnt Sie an.

Sie sind am Höhepunkt des Loslassens angekommen.

Der Lauf der Dinge läuft Ihnen davon.

Sie bleiben mit einer Art Herzrhythmusstörung zurück, es schmerzt.

Ihr Herz kommt aus dem Takt, diesen Blues kennen Sie nicht.

Sie denken aber auch, was soll das jetzt?

Alles ist richtig, so wie es ist.

Sie haben für diesen Moment alles getan, Ihr Kind auf das Leben vorzubereiten.

Seinen Rucksack gefüllt mit Liebe, Geborgenheit und Vertrauen, damit es mit beiden Beinen fest auf dem Boden stehen kann, um in die weite Welt loszugehen.

Doch Sie stolpern nun, schlagen lang hin und es tut weh.

Rational ist alles Bestens.

Sie sind stolz auf Ihr Kind und auf sich selbst.

Das Projekt Kind ist mit hervorragendem Ergebnis „abgeschlossen".

Wie oft und wie lange haben Sie in der Vergangenheit diesen Moment herbeigesehnt?

Ich habe meine Kinder immer wissen lassen, dass es völlig in Ordnung ist, wenn sie bis zum 20sten Lebensjahr zu Hause sind.

Alles, was Sie Ihrem Kind mit auf den Weg geben konnten, ist getan.

Alles, was danach kommt ist überflüssig und hält die Kinder nur auf dem Weg zur Selbständigkeit auf.

Der eine Sohn ging mit 19 Jahren, der andere mit 21 Jahren und es war blöd, trotz meiner festen inneren Überzeugung, dass alles so richtig ist, wie es ist.

Was ist nun die Belohnung für die Energie und Lebenszeit, die Sie Ihrem Kind geschenkt haben?

Sie haben bedingungslose Liebe in neues Leben verschenkt.

Sie haben unzählige Erfahrungen gemacht, die nur in einem Leben mit Kind möglich sind.

Sie haben eine Verbindung zu einem Menschen, die Ihr ganzes Leben hält.

Es ist ein unermesslicher Schatz.

Ich habe also mein eigenes Leben zurückbekommen.

Doch was hieß das jetzt nach 20 Jahren, mein eigenes Leben?

Ich habe immer gesagt, Kinder zu haben ist ein Lebensabschnitt, kein Lebensinhalt.

Ein Kind bestimmt zwar über viele, viele Jahre unser Leben und doch müssen wir uns immer darüber im Klaren sein, dass der Tag kommt, an dem es geht.

Wenn wir unser Kind zum Lebensinhalt machen, bürden wir ihm eine Last auf, die es nicht tragen kann, die eine Zumutung ist.

Zeigen Sie Ihrem Kind rechtzeitig, wie viele Interessen, Freunde und Ziele Sie haben, damit es sich nicht mit einem flauen Gefühl im Magen fragen muss:

Was machen sie nun, wenn ich gehe?

Gut, es dauert eine Weile, bis der Prozess der Trauer durchlebt ist, aber dann ist Licht am Ende des Tunnels.

Sie sitzen in einem Cafe, die Sonne scheint, die Vögel zwitschern und Sie können dort so lange sitzen, wie Sie wollen.

Sie hatten ganz vergessen, wie das ist, ohne Begrenzung, Termine, Pflichten egal was zu tun.

Jetzt ist es so und es macht sich ein wohliges, warmes Gefühl in Ihrem Bauch breit.

Sie haben Ihr Leben wieder für sich und das ist eben auch ein kostbarer Schatz.

Ihrem Kind steht die Welt offen und Ihnen auch.

Mit der Frage, wie will ich leben schließt sich er Kreis zu dem Kapitel „Am Anfang bin ICH und alles ist gesagt. Fast.

Denn als Paar?

Ist der Weg des Familienlebens zu Ende gegangen und der Koffer mit den tausend Kleinigkeiten weggetragen, begegnen Sie sich wieder als Paar.

In der Werkstatt der Liebe wird getüfftelt, experimentiert und neue Zutaten ausprobiert.

Wir haben uns verändert und doch sind wir uns vertraut.

Wir sind unsicher, neugierig und dankbar.

Dankbar, dieses lange Stück Leben gemeinsam bewältigt zu haben.

Wir sortieren uns neu, alles ist möglich.

Und wenn Sie es tatsächlich bis hierher gemeinsam geschafft haben durch alle Höhen und Tiefen, das ein Familienleben für sie bereithält, hindurchzuleben, ohne die Liebe zueinander zu beschädigen, dann, ja dann beginnen Sie, eine Vorstellung davon zu bekommen, was es bedeuten könnte, sich für ein ganzes Leben füreinander zu entscheiden.

Jetzt ist die Stelle gekommen, sich gegenseitig einen Heiratsantrag zu machen.

Ja, Sie lesen richtig.

Jetzt ist die Zeit gekommen, in der dieses „Ja" füreinander Sinn macht, denn Sie krönen das tägliche Ja der letzten 20 Jahre mit einem wunderbaren Festtag.

Feiern Sie das Leben.

Belohnen Sie sich und läuten Sie den neuen Lebensabschnitt mit einem Fest voller Magie ein.

„Und sag Deiner Seele,

dass Deine Liebe

in meiner Seele

Wurzeln geschlagen hat."

Eigene Notizen und Gedanken

16. Kapitel

DAS LEBEN OHNE KIND

Die meisten Menschen definieren Glück zu 90 Prozent mit Gesundheit.

Das bedeutet, wenn wir gesund sind, ist unser Glück fast vollkommen.

Fast.

Der Mensch ist ein soziales Wesen, das heißt, er kann ohne den Kontakt und die emotionale Bindung zu anderen Menschen, nicht leben.

Ich habe am Anfang dieses Buches über den Unterschied von allein sein und Einsamkeit geschrieben.

Allein sein zu können und zu wollen ist sehr wertvoll, setzt aber voraus, dass wir mindestens einen Menschen haben, von dem wir wissen, dass wir bei Bedarf Tag und Nacht vor der Tür stehen könnten.

Haben wir diesen Menschen nicht, ist es Einsamkeit.

Einsamkeit macht krank.

Wir brauchen andere Menschen, mit denen wir unsere Erlebnisse, Probleme und Erfahrungen teilen können. Die an dem, wie wir unser Leben leben, was wir denken und fühlen, ehrlich interessiert sind.

Wir brauchen emotionale Wärme und liebevolle Berührung.

Das gilt für alle Menschen überall auf der Welt.

Das heisst, dass Ihnen auch in einem Leben ohne Kind die ganze Welt offen steht.

Menschen zu lieben, Verantwortung zu übernehmen und das Wohl anderer Menschen aktiv zu unterstützen und damit auch für Ihr persönliches Wohl zu sorgen.

Niemand trägt die Verantwortung dafür, ob wir ein glückliches Leben aus unserem Leben machen, außer wir selbst.

Das heißt aber eben nicht, dass wir andere Menschen nicht brauchen.

Die Kunst liegt darin, seinem Gefühl, seiner Intuition zu vertrauen, welche Menschen uns gut tun und welche nicht.

Schädlinge von Nützlingen zu unterscheiden.

Immer offen zu sein für Neues, neue Geschichten, die das Leben schreibt, zu hören und zu erzählen und Geschichten zu leben.

Die Liebe als Urkraft alles Lebendigen soll uns immer wieder öffnen für alles Neue.

Natürlich tut die Liebe auch weh, wenn man sie verloren hat, wenn man sie nicht findet, wenn sie verschüttet wird von Enttäuschung.

Sie ist ein Risiko von enormem Ausmaß.

Aber die Liebe nie zu erleben, ist um vieles schlimmer, ist das Schlimmste, was uns in unserem Leben passieren kann.

Doch damit meine ich nicht die Liebe zu einem Kind, sondern die Liebe zu sich selbst und zu anderen Menschen.

Die Facetten der Liebe sind so bunt wie ein Regenbogen.

Ein Kind ist nicht der Mittelpunkt des Seins.

Der Mittelpunkt sind Sie.

Und Sie können sich jederzeit neu erfinden, Ihren Rucksack umpacken, auspacken, neupacken.

Neugierig bleiben, auf Entdeckungsreisen gehen und ganz für sich selbst definieren, wie sich ein erfülltes Leben anfühlt.

Es heißt, dass es uns Menschen soviel leichter fällt immer das zu sehen was wir nicht haben, anstatt über das glücklich zu sein was wir haben und wer wir sind.

Leben ist Liebe und am Ende unseres Weges kommt es nur darauf an, die Liebe gelebt zu haben:

zu uns selbst, zu anderen Menschen und zur Natur.

Die Natur in ihrer Schönheit nährt die Seele.

Und schon Clarissa Pinkola Este`s sagte:

**„ Es ist niemals falsch
sich auf die Suche zu machen,
was die Seele braucht,
niemals."**

Eigene Notizen und Gedanken

Danke

Ich möchte mich ganz herzlich bei Ihnen bedanken, dass Sie sich diesem Buch gewidmet haben.

Das schönste Geschenk für mich wäre, dass das Buch Ihnen hilfreich zur Seite steht, Ihre Entscheidung für ein Leben mit Kind oder ein Leben ohne Kind treffen zu können.

Ich habe das Buch extra so gestaltet, dass es gleichzeitig auch Ihr Notizbuch sein kann und wünsche mir, dass es solange Ihr Notizbuch bleibt, bis Sie eine Entscheidung getroffen haben, mit der es Ihnen gut geht und Sie glücklich sind.

Als Dank möchte ich Ihnen noch ein Gedicht schenken, das ich selbst einmal geschenkt bekommen habe:

ich denke liebe

und meine Dich

Du bist alles für mich

schönheit, Phantasie, faszination,
leben, kummer, angst und freude

kannst Du vereinen für mich

probleme werden sichtbar, lösbar
kraft, energie und inhalt
bist Du für mich
suchen, finden; sich finden
Du machst es erreichbar für mich
illusion ?
ich meine Dich
liebe

Zeitfracht Medien GmbH
Ferdinand-Jühlke-Straße 7
99095 Erfurt, Deutschland
produktsicherheit@kolibri360.de